大人の常識力を高める

100問

はじめに

現在、私はマナーや接客、コンプライアンスの講師として公的機関、企業、病院、歯科医院、整骨院、大学で年間250回以上の研修を担当しています。
ですが、私は、人生で一度も「就職」した経験はありません。大学在学中に個人事業として仕事を始め、自分で営業し、金額の交渉をし、仕事をして、15年以上が経ちました。
実際の仕事を通して多くのことを学び、たくさんの恥ずかしい失敗をしてきたので、できない人の気持ちがわかりますし、わからない人は何がわからないかがわかります。だから、受講者目線で研修ができているのだと思います。

社会人１年目に「お前は一体今まで何を学んできたんだ！マナーの基礎も知らないのか。常識もわかっていない。このままじゃ恥ずかしい思いをするぞ」と、とてもお世話になった方に叱っていただきました。
当時は「なにーーーー!!　そこまで言わなくたっていいのに！ひどい！　フンっ」。そのくらいにしか思っていませんでした。
今思えば、なんて有難いお叱りであったのか。20代で厳しいことを言ってくれた方も、年齢を重ねキャリアを積んでいくたびに叱ってくれなくなります。注意もしてくれなくなります。

いい大人、いい年齢にこそなったものの、一般常識やマナーといったことが中途半端なままになっている人も少なくないでしょう。そんないい大人の私も、知らないことだらけで恥ずかしいと感じ、自分はなんでこんなにも不出来なのかと反省することばかりです。だから必死に学んでいます。
素敵な大人は、自分で積極的に学んでいます。誰も教えてくれないからです。

学びは楽しいものでもありますが、苦しいものでもありました。楽しく学んでいただくためにはどうしたら良いだろうと、悩みに悩み抜いてたどり着いたのがこのクイズでした。
クイズは、一般常識からマナー、コミュニケーション、コンプライアンス、接客、販売、心理といった実践で活用できる100問です。
正解は1つではないので、自分で導き出さなければいけないところがポイントです。
読み終えた後で「なるほどなー。そうだったのか」と、思うことが1つでもあれば嬉しいです。
さあ、あなたは大人常識力、何点ですか？

第 1 章　ビジネスマナー編

Q. 1 非言語コミュニケーション … 9	Q.31 「報告」「連絡」「相談」の基本 ② … 75
Q. 2 第一印象 … 11	Q.32 「報告」「連絡」「相談」の基本 ③ … 77
Q. 3 身だしなみ … 13	Q.33 断り方 … 79
Q. 4 笑顔 … 15	Q.34 謝り方 ① … 81
Q. 5 あいさつ … 17	Q.35 謝り方 ② … 83
Q. 6 お辞儀 … 19	Q.36 注意・忠告の仕方 … 85
Q. 7 握手 … 21	Q.37 褒め方 … 87
Q. 8 歩き方 … 23	Q.38 簡単にできる褒め方 … 89
Q. 9 目線の配り方 … 25	Q.39 電話応対 ① … 91
Q.10 目線の外し方 … 27	Q.40 電話応対 ② … 93
◆コンプライアンスコラム ① … 29	◆コンプライアンスコラム ④ … 95
Q.11 言葉遣い ① … 31	Q.41 電話応対 ③ … 97
Q.12 言葉遣い ② … 33	Q.42 電話応対 ④ … 99
Q.13 流行言葉・若者言葉 … 35	Q.43 電話応対 ⑤ … 101
Q.14 言葉の言い回し … 37	Q.44 携帯電話のマナー … 103
Q.15 代替提案 … 39	Q.45 携帯メールのマナー … 105
Q.16 無責任言葉 … 41	Q.46 来客応対 … 107
Q.17 ビジネス会話 ① … 43	Q.47 誘導 … 109
Q.18 ビジネス会話 ② … 45	Q.48 茶菓接待 … 111
Q.19 ビジネス会話 ③ … 47	Q.49 お見送り … 113
Q.20 ビジネス会話 ④ … 49	Q.50 席次 ① … 115
◆コンプライアンスコラム ② … 51	◆コンプライアンスコラム ⑤ … 117
Q.21 傾聴マナー … 53	Q.51 席次 ② … 119
Q.22 あいづちのマナー … 55	Q.52 名刺交換 … 121
Q.23 復唱 … 57	Q.53 名刺の扱い方 … 123
Q.24 ミラーリング … 59	Q.54 紹介 … 125
Q.25 質問の仕方 … 61	Q.55 訪問・面談 ① … 127
Q.26 プレゼンテーションの仕方 ① … 63	Q.56 訪問・面談 ② … 129
Q.27 プレゼンテーションの仕方 ② … 65	Q.57 訪問・面談 ③ … 131
Q.28 プレゼンテーションの仕方 ③ … 67	Q.58 訪問・面談 ④ … 135
Q.29 プレゼンテーションの仕方 ④ … 69	Q.59 和室のマナー … 137
Q.30 「報告」「連絡」「相談」の基本 ① … 71	Q.60 贈答 … 139
◆コンプライアンスコラム ③ … 73	◆コンプライアンスコラム ⑥ … 141

第 2 章　接客マナー編

- Q.61 接客者としての心がまえ　145
- Q.62 目配り　147
- Q.63 歓迎は「口元」に表れる　149
- Q.64 お客様に合わせること　151
- Q.65 接客態度 ①　153
- Q.66 接客態度 ②　155
- Q.67 提案のタイミング　157
- Q.68 ヒアリング　159
- Q.69 会話力 ①　161
- Q.70 会話力 ②　163
- ◆コンプライアンスコラム ⑦　165
- Q.71 接客言葉遣い　167
- Q.72 ニーズの引き出し方　169
- Q.73 購入直線のお客様の行動　173
- Q.74 優秀なスタッフの行動　175
- Q.75 商品の取り扱い方　177
- Q.76 売れるトーク　179
- Q.77 案内・誘導　181
- Q.78 接客7大用語　183
- Q.79 売上増POP　185
- Q.80 ブログのルール　187
- ◆コンプライアンスコラム ⑧　189
- Q.81 シニアのお客様接客　191
- Q.82 男女で変える「接客術」①　193
- Q.83 男女で変える「接客術」②　195
- Q.84 口コミ効果　197
- Q.85 リーダーの条件 ①　199
- Q.86 リーダーの条件 ②　201
- Q.87 リーダーの指導法 ①　203
- Q.88 リーダーの指導法 ②　205
- Q.89 リーダーの指導法 ③　207
- Q.90 スタッフの褒め方　209
- ◆コンプライアンスコラム ⑨　211
- Q.91 コミュニケーション　213
- Q.92 叱り方 ①　215
- Q.93 叱り方 ②　217
- Q.94 お客様が求める3つのこだわり　219
- Q.95 クレームの原因　221
- Q.96 二次クレームの原因　223
- Q.97 在庫確認の電話応対　225
- Q.98 売上を上げるためにできること ①　227
- Q.99 売上を上げるためにできること ②　229
- Q.100 仕事をするということ　231
- ◆コンプライアンスコラム ⑩　233

大人の常識力を高める

第1章

ビジネスマナー編

【 非言語コミュニケーション 】

ビジネスにおいては
「非言語コミュニケーション」と呼ばれる、
言葉以外でのコミュニケーションも
重要視されます。
では、次のうち非言語コミュニケーション
として気を配るべきことはどれでしょう？

A 表情

B 目線

C 態度

D 立ち居振る舞い

A.1　A B C D

見た目も重要

・表情は相手から見て好感のもてる表情にすること
・目線は、見たら外してまた見るが基本
・態度は相手にあわせたものであること
・姿勢はピンとしていること

立ち居振る舞いは心が表れると言われています。イライラしている時や、時間がなくて急いでいる時の振る舞いはどうでしょう。丁寧ではあるけれどキビキビとした動きは見ていて気持ちがいいもの。足の先から爪の先、頭の先まで意識したいものですね。

Q.2 【 第一印象 】

一般的に第一印象は7秒で決まると
言われています。
第一印象で相手を決めつけてしまう
(評価してしまう)ことを、
心理学では「初頭効果」と言います。
第一印象で重要なこととして、
次のうち当てはまることはどれでしょう?

- **A** 自分からあいさつする
- **B** 相手の名前を覚える
- **C** 相手に興味を持つ
- **D** 相手を隅々まで観察し距離をとる

A.2　A B C

第一印象

「見た目が9割」と言われていますが、それだけ相手に気を配った身だしなみや、あいさつ、姿勢や態度で接しましょうということです。
人間関係のスタートは、ほんの数秒で決まってしまうとも言われています。すべては第一印象から始まります。
第一印象が良い印象であればその後も良い印象は続きますが、悪い印象しか残らなかったら、その後の付き合いは難しいものになります。
相手を観察することは必要ですが、距離を取れば「自分のことは苦手なのか」と勘違いされますから、距離は自分から少し詰めていくと良いでしょう。

【 身だしなみ 】

おしゃれは自分のためにするものですが、
身だしなみは相手のために気遣うことです。
ビジネスにおける身だしなみは、
勤めている企業や職種、
業種によって異なります。
共通することは次のうちどれでしょう？

A▶ 清潔感があるか

B▶ 人を不快にさせないか

C▶ 周囲の人と合っているか

D▶ 時・場所・状況をわきまえているか

A.3　A B C D

身だしなみのポイント

「身支度仕事半分」という、有名なエピソードがあります。
阪急電鉄の創始者である小林一三さんの言葉です。
完璧な身だしなみで出勤してくる社員を「今日の仕事は半分終わったことと同じ」だと、評価をなさったというものです。
勤めている企業や職種、業種にふさわしい身だしなみを心がけましょう。

Q.4 【 笑顔 】

「単なる笑顔であっても、
想像できないほどの可能性がある」
これは、ノーベル平和賞を受賞した
マザーテレサの言葉です。
次のうち笑顔にはどのような効果が
あるでしょう?

- **A** 職場の活気が出てくる
- **B** アンチエイジング効果も期待できる
- **C** すべて許される効果がある
- **D** 作り笑顔の方が相手はリラックスしてくれる

笑顔の効果

人の笑顔を見ると「安心する」「ホッとする」ということがあるかと思いますが、皆が安心し、癒されるのです。
自分から笑顔を見せて相手の緊張を和らいであげましょう。
作り笑顔よりは心から相手を受け入れた笑顔が理想です。
笑顔のポイントは口角を上げる、目尻を下げる、歯を見せる、頬を上げること。

笑顔を作ることによって、副交感神経が活発に働いて自律神経が整い、体温が上がり免疫力も高まるという効果もあると言われています。
他に、アンチエイジングの効果の一つとしても注目されており、顔の筋肉を動かすことでしわやたるみの防止や予防にもつながるなど、笑顔には多くのプラス効果があります。

Q.5 【 あいさつ 】

職場において、あいさつはスムーズに
会話をさせる大切な役割があります。
では、職場のあいさつのマナーとして
次のうち**間違っている**のはどれでしょう？

- **A** 部下や後輩にはあいさつされてから
  あいさつする
- **B** 社内に出入りする業者には
  あえてあいさつはしない
- **C** 知らない人にでも「お疲れ様です」と、
  あいさつする
- **D** 目を見て聞こえる声であいさつする

A.5　A B

あいさつのマナー

人との出会いも会社での一日の始まりも、すべて「あいさつ」からスタートします。あいさつにはスムーズに会話をスタートさせる大切な役割があります。相手の目を見て心のこもったあいさつをすれば相手に気持ちの良いあいさつが届きます。あいさつをされたら「あなたのあいさつを受け止めましたよ」という意味であいさつを返すのがマナーです。
相手によってあいさつしたりしなかったり、適当なあいさつだったりという態度はマナー違反です。社内に出入りする配送スタッフや清掃スタッフにも「おはようございます」「お疲れ様です」等、無視をせずに丁寧な対応を心がけたいものです。

気をつけたいポイント

- 自分から率先してあいさつをする
- 相手に聞こえる声であいさつをする
- 相手の目を見てあいさつする
- できれば「青山課長おはようございます」と、相手の名前を入れてあいさつをする
- あいさつされたら、頭を下げるだけではなく言葉に出して返す

Q.6 【 お辞儀 】

お客様や目上の方に対する
お辞儀の方法として、
次のうち**間違っている**ものはどれでしょう？

- **A** 「おはようございます」と言いながら頭を下げる
- **B** 手は後ろに回しておく
- **C** 首は曲げずに腰だけを曲げる
- **D** 頭を下げた時の目線は自分の靴元を見る

A.6 A B

お辞儀のマナー

お辞儀をする際は姿勢を正します。
背筋とひざを伸ばし腰から曲げます。
自分の表情が相手に見えるように、腰だけを曲げます。
首を曲げて猫背のままお辞儀をする人がいますが、頭から腰までは曲げないように気をつけます。
お辞儀をする際は、手を後ろに隠したままでは失礼にあたります。
相手に手の内を見せるということを意識して、手は相手から見える位置に置きます。
お辞儀をするときは「語先後礼」が正式なお辞儀です。
これは、「ながら動作はしない」ということが理由です。
(言葉を伝えながらお辞儀をしないということ)
「おはようございます」「ありがとうございます」等、言葉を言ってから礼をします。
目線は、腰を曲げるのと同じようにゆっくり下に向けていきます。
目線は自分の靴から50cm程前を見ます。
頭を上げるときは下げるときよりもゆっくりと起き上がります。

Q.7 【 握手 】

最近は、日本でも握手のマナーが
問われるようになってきました。
握手は、今から200年くらい前から
始まったとされ、
親睦や和解の表現として行われています。
握手の仕方について正しいのは、
次のうちどれでしょう?

- A 優しく握る
- B 背筋を伸ばしながら握手する
- C 相手の目を離さずに握る
- D お辞儀をしながら握手する

A.7 B C

握手のマナー

「私はあなたの味方です。武器は持っていません。敵ではありませんよ」
という意思表示をするために、右手で行うのがマナーです。
握手は、ぺこぺこお辞儀をしながらするものではなく、背筋を伸ばし、
相手の目を離さずにしっかりと見ます。ゆるく握らずしっかりと握ります。
弱い握手は「気持ちが悪い」と言われ、マナー違反です。

【 歩き方 】

立ち居振る舞いもビジネスマンとして
必要なマナーです。
「歩き方」について正しいのは、
次のうちどれでしょう？

- **A** 肩をゆすって歩く
- **B** ひざを伸ばしながら前に足を出す
- **C** 靴をすって歩かない
- **D** かかとからつけて歩く

A.8 B C D

歩き方のポイント

正しい歩き方は周囲の印象のみならず、自分の健康にも良い影響があります。

- 背筋を伸ばして歩く
- ひざを伸ばしながらすっと前に足を出す
- 肩をゆすって歩かない
- 足をひきずる、靴の音をペタペタ鳴らしながら歩かない、靴をすって歩かない、かかとからつけて歩くように心がける
- 下を向いて歩かないで顔を上げて前を見て歩く

Q.9 【 目線の配り方 】

相手と話すときには、目線を適度にあわせ、
適度に外すことが大切です。
では、一般的な目線の合わせ方と外し方の
マナーとして正しいのは、
次のうちどれでしょう?

A 2、3秒見たら 2、3秒離す

B 5、6秒見たら 1、2秒離す

C 1、2秒見たら 4、5秒離す

D 7、8秒見たら 7、8秒離す

A.9 A

目線のマナー

日本の文化には、目線に関する2種類のマナーがあります。
目線を合わせるマナーと目線を外すマナーです。
目線を合わせることも大切ですが、見すぎてもいけません。
ずっと見ていい時は、相手が話している時で、自分が聴いている時だけです。
また、目線を外すということも大切ですが、外しっぱなしで合わせなければマナー違反です。
2、3秒見たら2、3秒離す。「見たら外す」ということがマナーなのです。

【 目線の外し方 】

相手と話すときには、目線を適度にあわせ、
適度に外すことが大切です。
では、目線を外す時のマナーとして
正しいのは、次のうちどれでしょう？

A 外す時は下を見るようにする

B 外す時は上を見るようにする

C 外す時は胸元に注目する

D 外す時は相手の顔から近い場所を
見るようにする

 D

目線の外し方

目線を外すときに大切なのは、相手から見える黒目の分量です。
相手に見える黒目の分量は多いほうがいいのです。
目線を外すときは、相手の胸元から頭の上までの間のできるだけ顔から近いところに目線を持っていきます。
真下まで視線を落とすと黒目が見えず暗い印象になりますし、真上まで視線を上げると白目しか見えず間抜けな印象になります。
ですから、できるだけ相手の顔から離れていない位置に目線をずらすようにします。

コンプライアンス コラム

やっていいこと
悪いこと ①

コンプライアンス経営の
メリット

「コンプライアンス」を簡単に言うと、法律を守ること。ですが、市民やお客様が企業に期待していることは、法を超えた誠実さではないでしょうか。おかしいことをしないこと。悪いことをしないこと。裏切らないこと。「もしかしたらこれはダメなことかもしれないな」という、センサーを働かせることも大切です。たまに、利益を追求する企業にとっては「コンプライアンスの徹底はデメリットばかり。ブレーキをかけるようだ」と思うかもしれません。ブレーキではなく、ハンドルだと思ってください。ハンドルをどう回していくのか、扱っていくのかを考えましょう。企業の価値を高めるもの。信頼できる、安心できる企業だというブランドづくり、イメージづくりになるのです。

コンプライアンス経営の
3つのメリット

①市民やお客様から誠実な企業であるという信頼獲得
→コツコツ積み重ねてきた信用も企業価値もたった1回の不祥事で0に。100点満点のイメージを持たれていた企業がマイナスイメージになってしまうこともある。

②不祥事等の発生防止・リスク軽減
→徹底したコンプライアンス意識により「知らなかった」「悪いことだと思わなかった」という従業員が少なくなり、起こるかもしれない危険な問題が軽減される。

③従業員から経営者までの意識や理念の統一
→従業員も役員も経営者も同じ目線で、自信を持って仕事に従事でき、経営理念の浸透も期待できる。働く意欲向上にもつながる。

Q.11 【 言葉遣い ① 】

ビジネスでの言葉遣いとして、
次のうち**間違っている**ものはどれでしょう?

A「了解いたしました」

B「印鑑をご持参ください」

C「全然大丈夫です」

D「お茶でございます」

 A B C

「了解いたしました」

ビジネスでは「わかりました」ではなく「承知いたしました」「かしこまりました」「承りました」等を使います。

「印鑑をご持参ください」

「印鑑」ではなく正しくは「はんこ」です。「持参」は、自分の行為に使う謙譲語です。正しくは「はんこをお持ちください」「はんこをお持ちいただけますか？」です。

「全然大丈夫です」

「全然」の言葉のあとには文法上、否定の言葉がきます。正しくは「全然問題ありません」「はい、大丈夫です」です。

「お茶でございます」が正しい言葉ですが、「お茶になります」は間違い言葉です。

「〜になる」という言葉は、「子供が大人になる」「雪が溶けて水になる」等、変化を表すときに使う言葉です。

Q.12 【 言葉遣い ② 】

ビジネスの言葉遣いとして、
間違っているのはどれでしょう？

- **A**「佐藤部長は、おられますでしょうか?」
- **B**「おビールをお持ちいたしました」
- **C**「こちらの書類はご覧になられましたか」
- **D**「あちらでお伺いください」

A.12 　A B C D

「おられる」は、自分の行為を丁重に述べる「いる」の謙譲語です。

「私がここにおります」と、自分に使う言葉です。
正しくは「佐藤部長は、いらっしゃいますか」です。

外来語や外国語には「お」は付けません。

コーヒー、コーラ、スケジュール、パソコン、ビール等です。

「お召し上がりになられる」「おっしゃられる」「お出かけになられる」「お越しになられる」「お帰りになられる」「お戻りになられる」等はすべて二重敬語です。

正しくは「こちらの書類はご覧になりましたか」です。

「伺う」は自分の行動に使う謙譲語です。

正しくは「あちらでお聞きください」「あちらでお聞きいただけますか」です。

Q.13 【 流行言葉・若者言葉 】

ビジネスで、相手と話す際は、
流行り言葉やいわゆる若者言葉は
使わないようにしましょう。
では、次のうち、流行り言葉・若者言葉に
該当するのはどれでしょう？

- **A**「私的には」
- **B**「〜じゃないですか」
- **C**「〜の形になります」
- **D**「ぶっちゃけて言いますと」

A.13 Ａ Ｂ Ｃ Ｄ

流行言葉・若者言葉

「やっぱ」
「〜みたいな」
「〜じゃないですか」
「マジっすか」
「〜とか」
「おはよっす」
「なんか〜」
「〜してもらえます？」
「わかりましたぁー」
「はーい」

「ってゆうか」
「私的には」
「〜じゃなくなくないですか？」
「ぶっちゃけ」
「そうっすね」
「超おすすめなんで」
「〜の形になります」
「そうなんですぅー」
「ありがとうございまぁーす」

以上の言葉はビジネスでは使えない言葉です。

【 言葉の言い回し 】

他人にものごとを依頼する時や断る時には、
いきなり自分の希望や要件を伝えるよりも、
「クッション言葉」と呼ばれる、
配慮のある言葉をはさむことで、
相手の印象も良くなります。
では「この封筒、速達で出してきて」と
依頼するときのクッション言葉として
最も適切なのはどれでしょう？

- **A**　「忙しいところ悪いんだけど」
- **B**　「今、手が空いているからお願いするんだけど」
- **C**　「すぐ終わることだからちょっといいかな」
- **D**　「これ、優先してほしいことだからよく聞いてね」

A.14 A

クッション言葉の一例

- 声を掛けるとき「すみませんが」「今、お話してもよろしいでしょうか」
- 時間をとってもらうとき「お忙しい中恐縮ですが」「貴重なお時間をちょうだいしまして」
- 依頼や相談するとき「お願い申し上げたいのですが、よろしいでしょうか」
- 何度もお願いするとき「重ね重ね恐縮ですが」「何度もお手をわずらわせまして申し訳ございませんが」
- 難しい依頼をするとき「ご無理を承知でお願いしたいのですが」
- 急な依頼や相談するとき「突然のお願いで恐れ入りますが」「急にご無理を申しまして」
- すでに話をしていることを伝えるとき「先日お話申し上げた件でございますが」

Q.15 【代替提案】

お客様に
「5色ボールペンを探しているんですが」と
聞かれたあなた。
お店には5色ボールペンはありません。
答え方として次のうち**ふさわしくない**のは
どれでしょう？

- **A** 「5色ボールペンは、ないんですよ」
- **B** 「申し訳ございません。
       品切れになっておりまして」
- **C** 「どのような用途でお使いですか？
       すぐに必要ですか？」
- **D** 「5色ボールペンは今店頭にないのですが、
       2色、3色、また1色ずつの
       ボールペンならございます」

A.15 　Ａ Ｂ Ｃ

代替提案

求めていたものが品切れだったり、もう販売していない商品だったらどうしますか。
「申し訳ございません、品切れになっておりまして」と断ることは誰でも簡単にできることです。すぐに商品を買って帰りたいと思っているお客様もいらっしゃいます。似たような商品を提案しましょう。
お客様が望んでいたベストな商品がなければ、どこかほかの商品でも良いと思っていただける妥協点を見つけなければなりません。在庫を探して「ない」とわかった時点で代替え商品を持っていくことです。

Q.16 【 無責任言葉 】

お客様から電話で
「納期は明日でしたよね?」
との問い合わせがありましたが、
あなたははっきりと把握していません。
この時の返事として、
間違っているのは次のうちどれでしょう?

- **A**「私の記憶では明日のはずです」
- **B**「明日で大丈夫だったと思います」
- **C**「確認の上、折り返します」
- **D**「担当に代わりますので、少々お待ちください」

A.16 A B

無責任言葉は使わない

お客様から知らないことを質問されることもあるでしょう。
はっきりと把握していないのであれば、確認したり、調べたり、わかる人に聞いたり、代わってもらう等しなければいけません。
お客様からの質問にあいまいなことを伝え、大きなクレームになることもあるのです。
情報が確実ではないなと思ったら、きちんと確認してから答えましょう。無責任言葉は要注意です。

危険！　あいまいな答え方

「多分明日からで大丈夫だったような気がします」
「ちょっとわかりませんが、きっと明日からじゃないでしょうか」
「私の記憶であれば明日だったはずです」

【 ビジネス会話 ① 】

ビジネスで、本題に入る前の雑談として、
適当でない話題は次のうちどれでしょう？

A 宗教の話題

B 人の噂話

C 趣味の話題

D 食べ物の話題

A.17 A B

好まれる話題

気候「今日はいいお天気ですね」
趣味「何か趣味はありますか？」
ニュース「最近○○関連の事件、多いですね」
旅行「この年末、どこか行かれましたか？」
仕事「最近、仕事は忙しいですか？」
食べ物「ラーメンが好きだということですが、おすすめのお店はありますか？」
出身地「○○さんは、どちらのご出身ですか？」
衣服「そのカバン、素敵なお色ですね」

好まれない話題

宗教／政治／暗い話題／人の噂話や悪口／相手のプライベートに深入りした話等

Q.18 【 ビジネス会話 ② 】

ビジネスで、本題に入る前の雑談として、
適当でない話題は次のうちどれでしょう？

A 子供についての話題

B 結婚についての話題

C 恋人についての話題

D ファッションの話題

A.18 ＡＢＣ

家族の話は気を付けよう

子供や結婚についての話題は、したくない人もいるので、注意が必要です。
「2人目はまだ作らないの？」「そろそろ結婚してもいい年齢でしょう」等は、セクシャルハラスメントになる場合もあります。
ただし、相手から「うち、2人子供がいるんですけどね」と、話題に上がったら「2人いるんですね。おいくつですか？」等と、興味を持って聞いていきましょう。
なかには、お子さんのことやお孫さんのことを話したくて仕方がない方もいます。お子さんやお孫さんの名前を覚え、次回あった時に「○○ちゃん、お元気ですか？」と、聞いてあげると相手との距離はぐっと近くなります。

Q.19 【 ビジネス会話 ③ 】

ビジネスの話題に入る前に、相手が
「最近ゴルフをやるようになって、
　この間、初めてコースに出たんですよ」と、
雑談をはじめました。
どのように答えるのが適当でしょう?

A　「ゴルフ!　いいですね。
　　　どこのコースに行かれたんですか?」

B　「はあ、そうですか」

C　「ゴルフ、ちょっと興味がないんですよねぇ。
　　　すみません」

D　「それは良かった!
　　　では、そろそろ本題に入りましょう」

A.19 A

ビジネス会話〈悪い例〉

相手「ゴルフはしますか？」
自分「いえ」
相手「この間、はじめてコースに出たんですが、おもしろかったんですよ」
自分「へー。そうですか」
相手（もっと興味を持って聞いて欲しいのに……）

ビジネス会話〈良い例〉

相手「ゴルフはしますか？」
自分「ゴルフはしたことはないですね。ゴルフなさるんですか？」
相手「この間、はじめてコースに出たんですが、おもしろかったんですよ」
自分「どこのコースに行かれたんですか？　私も始めたいなって思っています」
相手（興味を持ってもらえて嬉しい。もっと話がしたい！）

Q.20 【 ビジネス会話 ④ 】

仕事中、上司があなたに
「おい、○○株式会社に提出する提案書、
　今日が期限なのに、届いてないそうじゃないか」
と声を掛けてきました。
先方の会社は期限に厳しいので、
上司は気を揉んでいるようです。
どのように答えるのが適当でしょう?

A　「余裕を見て期限設定しているので、
　　　少し遅れても問題ない旨説明しておきます」

B　「すみません。少し遅れています。
　　　待ってもらうよう先方にお伝えください」

C　「なるべく早めにやりますので大丈夫です」

D　「13時には出来上がります。
　　　直接お持ちしてごあいさつしに行きます」

A.20 D

ビジネス会話〈悪い例〉

上司「おい、○○株式会社に提出する提案書、まだ届いていないそうじゃないか」

自分「あ、まだ提出してませんでした。すぐ出しますんで」

上司「あそこは期限にうるさいんだよ。早く提出しなきゃ契約してもらえないぞ」

自分「うるさいですもんねー。なるべく早めにやるんで」

上司（こいつには任せられないな）

ビジネス会話〈良い例〉

上司「おい、○○株式会社に提出する提案書、まだ届いていないそうじゃないか」

自分「○○株式会社さまへの提案書、今日の13時までに必ずお送りします。申し訳ございません」

上司「あそこは期限にうるさいんだよ。早く提出しなきゃ契約してもらえないぞ」

自分「もっと早くに提出するべきでした。今日までのお約束なので、直接お持ちしてごあいさつしてきます」

上司（よし。期待できそうだな。頼もしい）

コンプライアンス コラム

やっていいこと
悪いこと ②

就活・転職にも
コンプライアンスを意識して

就職活動や転職活動でもコンプライアンスを意識しましょう。内定が出た時点から社員と同じような振る舞いをしなければいけません。

例えば、フェイスブックやツイッター、ブログに何気なく書いたことが読者から批判され、炎上し、企業イメージの低下につながった場合は、内定取り消しになることもあるのです。就活生や転職活動をなさっている方は、過去に自分が投稿した内容が、企業のブランドを下げるような写真や動画ではないか、よく確認しましょう。

企業側も内定者については調べるものです。「バレたら削除すれば良い」と思っているかもしれませんが、一度流出した情報は簡単には取り消せません。個人だけの問題ではなく「○○企業の社員がこんなことをしていた！」と、企業の問題に捉えられるのです。

例えば「昨日から彼女と旅行です」という掲載をした2日前に、忌引きの理由で会社を休んだとします。上司がそれを見たらどうなるでしょうか。「営業途中でちょっと休憩！」といった場所が適切か。「新しい下着買っちゃった」といった投稿が卑猥な写真ではないのか。会社のイメージの悪化や、お客様との信頼関係が壊れてしまった場合は、懲戒処分の対象にもなります。情報を流す場合は、細かな注意が必要なのです。

【 傾聴マナー 】

ビジネスでは相手の話を聴くことで、
相手の情報を仕入れることができます。
また、相手は気持ちよく話を聴いてくれた
あなたに好印象を持ってくれます。
では、相手の話を聴くときの態度として、
次のうち正しいのはどれでしょう?

- **A** 自分と異なる意見の時は「そうは思わない」ことをやんわりと主張する
- **B** 相手が話したそうなことを質問する
- **C** 「そうですか」等と、あいづちを打つ
- **D** うん、うんと、タイミングよくうなずく

A.21 B C D

話を聴くということ

誰でも人に話を聴いてもらうだけでスッキリしたり、満足したりしますね。話を聴いてもらうだけでストレス発散ができたりもします。聴くということは、難しいし辛いこともあります。ですが、聴くことによるメリットもたくさんあるのです。相手の情報を先に仕入れたほうが、相手が興味をもっている話題提供ができます。聴いてくれたあなたの話だから相手も聴いてくれるものなのです。

聴き方のポイント

・相手をありのまま受け入れること
・相手の価値観を「そんな考えもあるんだな」と客観的に受け止めること
・自分と比較しないこと
・にこやかな表情で聴くこと
・相手の話の内容に興味を持つこと
・聞いているよというサインはうなずきで示すこと
・「それは知りませんでした」「そうですね」等のあいづちを入れること
・相手が話したそうにしていることを質問すること

【 あいづちのマナー 】

相手の話を聴くときのあいづちの仕方によって、相手は気持ちよく話ができるようになることもあれば、逆に気分を害することもあります。
では、次のうち**間違っている**あいづちはどれでしょう？

- **A**「もうその話はわかりました」
- **B**「はいはいはい、なるほど」
- **C**「そうなんですか」
- **D**「それはすごいですね！」

A.22 　A　B

あいづちのマナー

「もうその話はわかりました」と言うのは、最後まで聞いていないあいづちです。
「何度も聴いた話ですが」もいけません。
「でも」「だけど」「だとしても」「いや」「そうかな」「そうは思わない」という否定的なあいづちは話が発展しません。
「はいはいはいはい」「そうですかそうですかそうですか」「本当ですか？　本当ですか？　本当ですか？？」等の単調なあいづちよりは、感情がこもったあいづちの方が好まれます。

Q.23 【復唱】

上司から
「明日の13時までにお客様の資料を
　5部用意して欲しい。あとペットボトルの水も」
と指示された時の答え方で、
適当なのは次のうちどれでしょう？

A「分かりました。
　　では後輩の○○にやらせます」

B「承知しました」

C「あ、はい。やっておきます」

D「明日の13時までに資料と
　　ペットボトルの水を5つずつですね」

 D

復唱のマナー

ビジネスでは「復唱」することが求められています。
相手が言った言葉をそのまま繰り返すことです。
例えば、レストランに行った際「カレーライス下さい。サラダのドレッシングは和風で。食後にコーヒーもお願いします」と、注文したとしましょう。
スタッフが「はい」という返事だけだったら、ちゃんと持ってきてくれるか不安になりますね。
ビジネスでも相手に安心してもらうために、「聴いた言葉をそのまま復唱」が大切です。

Q.24 【 ミラーリング 】

人の話を聴く際に
気をつけなければいけない対応があります。
心の距離が縮まるテクニックのひとつと
言われていますが、
それはどのようなことでしょうか。
次のうち**間違っている**対応はどれでしょう?

- **A** 嬉しそうに相手が話をしていたら
  嬉しそうに聴く
- **B** 真剣な話をしている時は満面の笑顔で聴く
- **C** 早口で話す人にはあえてゆっくりした
  あいづちをとる
- **D** 相手が無言になったらこちらが
  マシンガンに話す

A.24 ＢＣＤ

相手に合わせるということ

ミラーリングとは、鏡のように振舞うというテクニックのひとつです。
ただし、なんでもかんでも「真似する」ということではありません。
相手をよく観察して、相手と同じ目線にたって考え、合わせるということです。
真剣な話をしているのに、相手が満面の笑顔だったら「どうして笑っているの?」と、思いませんか。
早口で話をする人にゆっくりとした返事ではイライラさせます。
マシンガントークの人にはしつこい質問はいりません。
おっとりした雰囲気の人には急かしてはいけません。
呼吸をあわせるという言い方もあります。
それくらい、相手をよく観察して相手にあわせていくということです。

【 質問の仕方 】

ビジネスにおける「良い質問」とは、
相手が話したいことを上手に引き出すことです。
相手にとって良い質問ができなければ
良い答えは返ってきません。
では「良い質問」に該当するのは、
次のうちどれでしょう?

- **A**「例えばうまくいくには何をしたら良いと思う?」
といった仮説の質問
- **B**「この企画書を読んでどう思う?」
といった意見を聞く質問
- **C**「部長が言ったことにどんな意味があると思う?」
といった意味を確認する質問
- **D**「さっきは何故あんなことを言ったの?」
といった相手を問いただす質問

A.25　A B C

良い質問例

「具体的に言うと?」「それはどういうこと?」
といった具体的な質問

「いつ・どこで・誰が・何を・なぜ・どのように」
という5W1Hの質問

「例えばうまくいくようにするために何をしたらいいと思う?」
という仮説質問

「この企画書なんだ。これを読んでどう思う?」
という意見を聞く質問

「何か問題はある?」「気になることは?」
という問題解決のための質問

「部長が言っていたことにどんな意味があると思う?」
という意味を確認する質問

「本当はどうしてほしかった?」「何をしてほしい?」
という本音を確認する質問

「どうしたらいいと思う?」「何をしたらいいと思う?」
という課題を確認する質問

Q.26 【 プレゼンテーションの仕方 ① 】

ビジネスで、大勢の人の前で話をする際に
心がけることは、次のうちどれでしょう？

A 理由をしっかり伝えてから結論を話す

B 話す相手のレベルにあわせて話す

C 専門用語を織り交ぜながら話す

D 目線は『∞』を描くように会場全体に目線を配る

A.26　B　D

プレゼンテーションのポイント

・最初にどのような話をするのか「テーマ」を言う
・話の内容によって声の高さや大きさ、テンポを変える
・直立不動のまま話すのではなく身振りや手振り等の動きを付ける
・資料ばかり見て話すのではなく会場全体に目配せする
・話すときは聞き手のレベルにあわせて話す

【 プレゼンテーションの仕方 ② 】

ビジネスで、大勢の人の前で話をする際に
「相手が簡単に理解できるように話す」
ことが重要です。
心がけるべきことは、次のうちどれでしょう?

- **A** 大事なテーマやキーワードを入れる
- **B** 淡々と話すのではなく、自分の言葉に感情を込めて話す
- **C** 見せたい映像や資料がある場合は、自分の目線もそちらに向けて話す
- **D** 前置きや締めの言葉にこそ感情を込める

A.27 　Ａ　Ｂ　Ｃ

伝わりやすい話し方

会話をするとは『かいわ』で覚えましょう。

『か』は、簡潔に話す

『い』は、印象深く話す

『わ』は、わかりやすく話す

簡潔に話すポイント

- 長い前置き等無駄な部分を省くこと
- 結論から先に話すこと
- 大事なテーマやキーワードを入れること
- 「、」が多い話し方ではなく「。」で区切る短文で話すこと
- 語尾まではっきりと言うこと
- 見せたいものがあれば、自分もそちらを見ながら話すこと
（そうすれば聞き手も見せたいものに注目してくれる）
- 前置きや締めの言葉が長くなりすぎないように気をつけること

Q.28 【 プレゼンテーションの仕方 ③ 】

ビジネスで、大勢の人の前で話をする際に
「印象に残るように話す」ことが重要です。
心がけるべきことは、次のうちどれでしょう?

A 反論されないために一般論を伝える

B 1つのテーマを5分以内に伝える

C 自分の体験や具体例を伝える

D 全員に理解できるようにできるだけ
ゆっくり一言一言噛み締める

A.28 c

印象に残す話し方

テレビやラジオのニュース1本は、通常1分〜1分30秒までと決まっています。これは、人の記憶に残る長さが1分30秒までだからです。これをうまく利用して人の前で話をするときは、1つのテーマを、1分〜1分30秒でまとめると、印象に残せます。
長く話せば話すほど嫌がられるので注意しましょう。

印象に残る話し方のポイント

・自分の体験談や経験談を話して印象に残すこと
・ジェスチャー等を有効的に使って印象に残すこと
・淡々と話すのではなく自分の言葉に感情を込めて話すこと
・声の高さや大きさ、話す速度や間の変化を付けて話すこと
・具体的な数字、固有名詞等具体的に話すこと

【 プレゼンテーションの仕方 ④ 】

ビジネスで、大勢の人の前で話をする際に
「わかりやすく話す」ことが重要です。
心がけるべきことは、次のうちどれでしょう？

A　「良い例」「悪い例」等の対比を入れながら話す

B　伝えたいことは何度か繰り返す

C　聞き手の反応を確かめながら話す

D　専門用語、難しい言葉、論語、比喩を
　　　織り交ぜながら話をする

A.29　Ａ　Ｂ　Ｃ

わかりやすい話し方

人に話をするということは、相手にきちんと伝わることが求められます。伝わらない話をしても全く意味がないことになってしまいます。話が上手な人は、ものすごく難しい言葉や内容を、簡単な言葉に言い換えて伝えることができます。中学1、2年生でも簡単に理解できる言葉を使い、具体的にイメージしやすいように、誰もが知っている具体例をたくさん使って話をしています。聞き手のレベルに合わせて話すことは聞き手に対する配慮です。理解し難い話題や専門用語、難しい言葉、比喩等を入れて話しても理解されません。

わかりやすい話し方のポイント

・難しい言葉や専門用語を入れず簡単な言葉で話すこと
・優先順位を付けて話すこと
・良い例と悪い例等の対比を入れながら話すこと
・アイコンタクトで聞き手の反応を確かめながら話すこと
・聞き手に質問を投げかけたり、問いかけを入れたりして話すこと

【「報告」「連絡」「相談」の基本 ①】

ビジネスで求められている
「報告」の仕方について
次のうち**間違っている**ものはどれでしょう?

- **A** どのような結果になり、どういった過程で仕事を進めたか伝える
- **B** 良い報告から先に伝え、悪い報告は後で話す
- **C** 上司に状況を聞かれてからわかりやすく報告する
- **D** 報告書という書面ですべて伝える

A.30 B C D

報告のポイント

報告は、過去のことです。
「良い報告は翌朝でいいが、悪い報告は即刻我を起こせ」
これはナポレオンの名言です。
良い報告と悪い報告は、悪い報告から先に伝えます。悪い報告というのは、誰だってイヤなもの。でも、早くに報告をしなければもっと深刻な状況になる場合もあります。

・どのような結果になり、どういった過程で仕事を進めたか伝える
・上司に状況を聞かれる前に報告する
・結果報告の前に中間報告もする
・複雑な報告内容であれば口頭のみならず、報告書といった書面の作成もする
・指示や命令を受けて仕事を進め、報告してはじめて仕事の完了となる

コンプライアンス コラム

やっていいこと
悪いこと ③

あなたはいくつわかる?
力試しクイズ

問題1

「コンプライアンス」とは「法令遵守」のこと。法令さえ守っていればよいのでしょうか?

A 法令を遵守していれば大丈夫
B それだけでは不十分

問題2

会社がコンプライアンスを重視するのはどうしてでしょうか?

A 企業の価値を高めるため
B マスコミからバッシングを受けないため

問題3

友人から「会社のために不正行為でも目を潰れ」と言われていると相談を受けました。あなたならなんて言いますか?

A 「業務命令でも断るべきだよ」
B 「業務命令なら仕方がないね。個人としての責任はないはず」

問題4

次のうちセクハラになるものはどれ？

・部下をしつこく夕食に誘い「付き合わないとどうなるかわかっているか」と言う

・上司のあとをつけ回し「自分と付き合ってくれなければありもしないことを言いふらす」と言う

A　1つだけ
B　2つとも

問題5

上司に「お前の代わりはいくらでもいる！　今回の目標が達成できるまでは帰るなよ。このお荷物が！」と、言われました。何か問題があるでしょうか？

A　上司として当然の注意。もっと頑張るべきだ
B　パワー・ハラスメントである

<答え>　①B　②A　③A　④B　⑤B

【「報告」「連絡」「相談」の基本 ②】

ビジネスで求められている
「連絡」の仕方について
次のうち**間違っている**ものはどれでしょう？

A 自分の仕事の状況を
把握してもらうために伝える

B 連絡手段としては文書が一番確実である

C もれなく正確に伝える

D 資料や図が必要なら用意する

A.31 B

連絡は現在のことです。
連絡する相手が不在時に変更があったとき、緊急の場合は携帯電話に連絡をします。
緊急でなければメモを残して帰社したら正確に伝えます。
自分が外出するとき「○○まで打ち合わせに行ってまいります。戻りは16時予定です」と、周りに伝えます。

・自分の仕事の状況を把握してもらうために伝える
・6W2H
 〈When（いつ）、Where（どこで）、Who（だれが）、Whom（誰に）
  Why（なぜ）、What（何を）、How（どのように）、How much（いくら）〉
  を意識してもれなく伝える
・連絡手段として口頭、文書、メール、ＦＡＸ、電話等がある
・資料や図が必要なら用意する

【「報告」「連絡」「相談」の基本 ③】

ビジネスで求められている
「相談」の仕方について
次のうち**間違っている**ものはどれでしょう？

- **A** 問題が起きたらその都度上司に相談する
- **B** 相談する時は自分の意見は言わず判断は任せる
- **C** 困ったときはいつでもどこでもすぐに相談する
- **D** 相談する前に問題点をまとめておく

A.32　A B C

相談のポイント

・なにか問題が起きた時に備えて指示をもらう
・仕事で困ったとき、迷ったとき、悩んだとき、わからないときは、自分勝手に判断したり解決したりせず、上司に相談する
・自分で解決できる細かな問題であれば解決する
・相談する前に、問題点をまとめておく
・自分の意見もきちんと提出できるようにする
・すべて人任せにはしない

<例>
①相談しても良いか相手に伺う「明日のイベントの件についてご相談したいことがございます。ただいまお時間よろしいでしょうか」
②状況を述べる「イベントスタッフが急遽2名インフルエンザのために来られないと連絡がありました」
③意見を述べる「他を当たってみましたが、この時期はイベントが重なって見つかりそうもありません。学生時代イベントスタッフをしていたという社員が数名総務部におります。2日間手伝ってもらえないかどうか確認してもよろしいでしょうか」
④終了したら報告とお礼をする「2日間のイベント無事に終了しました。総務部の協力もあり、多くの社員にサポートいただいたお陰で、お客様に昨年よりも良かったと好評でした。ありがとうございました」

【 断り方 】

ビジネスにおいては、
お客様の要望や期待に添うことができず、
断らなくてはならない場面も数多く存在します。
では、お客様への断る時の言葉遣いとして、
次のうち**間違っている**ものはどれでしょう？

- **A**「ご要望に添うことができませんで、まことに申し訳ございません」
- **B**「どうかご容赦のほどお願い申し上げます」
- **C**「ご期待に添えず申し訳なく思っております」
- **D**「すみません。どうお答えしていいものか……」

A.33 D

断り方

仕方がない状況であっても「断る」ということほど難しいものはありません。断り方次第で相手に納得していただくこともできますし、怒らせてしまうこともあります。Dのようにあいまいな返事ではいけません。

断りフレーズ

「ご要望に添うことができませんで、まことに申し訳ございません」
「どうかご容赦のほどお願い申し上げます」
「ご期待に添えず申し訳ない気持ちでいっぱいです」
「せっかくのお気遣いですが、今回見送ることになりました。またご縁がありましたらよろしくお願いいたします」

Q.34 【 謝り方 ① 】

お客様に対して謝る時にも
「良い謝り方」と「ダメな謝り方」があります。
では、次のうち、相手を怒らせたり、
話をこじらせたりすることにもなる
ダメな謝り方」は、どれでしょう?

A　「説明がいたりませんでした」

B　「手帳を忘れたために、
　　　すっかり失念していました」

C　「申し訳ございません。
　　　上司の指示によるものです」

D　「お言葉を返すようですが、
　　　その件はきちんと対応しておりました」

A.34　B　C　D

お客様に謝罪するときは、会社の代表として謝ります。

ダメな謝り方

①責任転嫁
　「私の知らないところで、部下がやったことのようでして」
　「上司がそのようにしろと言ったものですから仕方がなく」
②反論
　「お言葉ですが、その件につきまして、こちらは一切問題ございませんでした」
③相手を責める
　「そんなはずはありませんが」
④相手の話をさえぎる
　「お客様、お言葉を返すようですが」
⑤言い訳
　「道が混んでいて届けられなかったと何度も伝えているじゃないですか」
⑥逆ギレ
　「そんなにおっしゃるなら謝ります。どうもすみませんでした。これでご満足ですか？」

【 謝り方 ② 】

クレーム応対の敬語遣いとして、
正しい言葉はどれでしょう?

- **A**「私にはわかりません」
- **B**「わかりにくかったですよね」
- **C**「早速調べまして、すぐにお返事いたします」
- **D**「こちらが間違っていたようです」

A.35 c

普段の言い回し	敬語遣いの表現
すみません	誠に申し訳ございませんでした
わかりにくかったんですね	説明がいたりませんでした
そうですね	ごもっともです
わかりました	承知いたしました
そうですか	おっしゃるとおりでございます
使いにくいということですね	ご不便をおかけしてしまったのですね
私にはわかりません	わたくしの一存では判断いたしかねます
上司に聞いてみます	上司と相談いたしまして
調べてからあとで電話いたします	早速調べまして、すぐにお返事いたします
そんなはずはないと思うのですが	すぐに確認いたしまして、お返事させていただいてもよろしいでしょうか？
こちらが間違っていたようです	わたくしどもの手違いでございました

【 注意・忠告の仕方 】

職場で、上司が部下に対して注意、
忠告を行うときに気をつけることとして、
次のうち**間違っている**ものはどれでしょう?

- **A** 注意するときは、どんな状況であっても その場ですぐに行う
- **B** 人前ではなく「1対1」で行う
- **C** ただ注意するだけでなく、 原因や具体的な解決法を示すようにする
- **D** 相手の人格を否定するようなことは言わない

注意・忠告のマナー

相手の人格まで傷つけてしまったら、それは「パワーハラスメント」になります。お客様の目の前で怒ることは避けましょう。お互いが嫌な思いをします。

注意・忠告のポイント

- 1対1になってから伝える
- 納得させられるだけの根拠を示す
- どうすればよいか、具体的な解決策を伝える
- 感情的にならず、穏やかに話す
- 他人と比較しながら注意をしない
- あれもこれもと注意を追加しない
- 相手を追い詰めるような言葉は使わない
- 自分の感情よりも事実について伝える
- 具体的な解決法を示して正しく導く

Q.37 【 褒め方 】

人は褒められると、
その分長所を伸ばそうとするものです。
では、相手を褒めるための準備として
心がけることは、次のうちどれでしょう?

A 相手がどんな人か、どんな考え方をするのか、興味を持つ

B 相手の特徴・くせ・行動パターン等を観察する

C 相手が一番輝いている時を探す

D 相手の得意・不得意を把握する

A.37　A B C D

褒め方

心理学では、褒めてくれた相手に好感を持つという
『好意(こうい)の返報性(へんぽうせい)』があります。

褒めるための準備

・相手に興味を持つ
・相手の特徴、くせ、行動パターン等をしっかり観察して把握する
・相手がイキイキと、輝いているときはいつなのかを探す
・相手の得意・不得意を把握する
・相手の長所を見つける

Q.38 【 簡単にできる褒め方 】

誰でも簡単にできる「褒め方」があります。
褒め方として、次のうち
間違っているものはどれでしょう？

A 見たままを言葉にする
B オーバー気味に伝える
C 結果が出たら褒める
D 感謝の言葉をかける

A.38 B C

簡単にできるやり方

- 見たままを言葉にする
- 短いフレーズでまとめる「いいね」「すごいな」「やるね」「よかったね」「上手だね」
- 感謝の気持ちを伝える「ありがとう」「助かったよ」「頼りになるよ」
- 結果ではなく過程も評価する
- できている行動を伝える「いつも言う前にやってくれるね」
- 具体的に認める
- 強調する「あなたが１番」「誰よりもあなた」「あなたしかできない」「あなたが特に」
- 期待をかける
- 第三者が褒めていたと伝える
- 気持ちを込める

【 電話応対 ① 】

電話を受ける側の心構えとして、
次のうち**間違っている**ものはどれでしょう？

A ペンとメモの用意をする

B 4コール以内で出る

C 人を探す等の保留は1分以内を心がける

D かけた方から電話を切ってもらうようにする

A.39　B　C

電話を受ける心構え

①3コール以内で出る
3コール以上鳴らせてしまったら「大変お待たせいたしました」と、お詫びの言葉を添えます。

②適当な応対はしない
「食べながら」「飲みながら」「パソコンでメールをしながら」「書類整理をしながら」等のながら応対はいけません。

③保留は30秒以内
30秒以上かかりそうな場合は「お待たせしてしまうお時間が長くなりそうですので、折り返しご連絡しましょうか？」と、相手に確認します。

④電話はかけた方から切る
かかってきた相手が切るのを確認してから、静かに受話器を置きます。なんとなく気まずい感じで相手も切るのをためらっていそうな場合は、「1・2・3で受話器を静かに置く」ということを覚えておきましょう。

【 電話応対 ② 】

お客様からの電話で
「佐藤部長お願いします」と言われた時、
名前の確認の仕方で正しいのは
次のうちどれでしょう?

- **A** 「部長の佐藤ですね」
- **B** 「佐藤部長ですね」
- **C** 「佐藤さんですね」
- **D** 「佐藤でございますね」

A.40 　A D

身内は基本呼び捨てにする

社内の人間は全員呼び捨てにするのがマナーです。
取引先やお客様から電話がかかってきた場合は、社内の人間は全員身内なので「部長の佐藤ですね」「営業の鈴木ですね」と、呼び捨てにします。
ただし、社内の人間の身内から電話がかかってきた場合は、「佐藤部長ですね」「鈴木さんですね」と、敬称を付けます。

コンプライアンス コラム

やっていいこと
悪いこと ④

あなたはいくつわかる?
力試しクイズ

問題1

多くの人が行き交う札幌駅で写真を撮りました。感じの良いご夫婦の写真が撮れたので、勝手にポスターに利用することは問題でしょうか?

A 問題である
B 問題はない

問題2

会社や上司の悪口を匿名でインターネットの掲示板に書き込んだ。これは罪になりますか?

A 罪になる可能性がある
B 罪にはならない

問題3

最近フェイスブックを始めました。アクセス数を増やすため、自分の会社が来月発表するという新製品情報を載せました。何か問題はありますか？

A　懲戒処分の可能性がある
B　懲戒処分にはならない

問題4

飲食店の従業員です。最近ネイルアートにハマっていますが、お店ではマニキュアは絶対禁止です。でもやめられません。やめる気もありません。これは問題ですか？

A　懲戒処分の可能性がある
B　懲戒処分の可能性はない

問題5

ちょうど家で使うボールペンのインクがなくなってしまいました。会社の景品でダンボールにたくさんのボールペンを見つけたので1つもらって帰りました。問題ありますか？

A　見つかると懲戒処分の可能性がある
B　見つかっても懲戒処分にはならない

＜答え＞　①A　②A　③A　④A　⑤A

【 電話応対 ③ 】

次は、電話をかける際の心構えとして、
次のうち**間違っている**ものはどれでしょう？

A どこの誰にどのような用事で電話するかを
しっかりと把握してからかける

B 担当者不在の場合はかけ直しをしてもらう

C 基本的には9時〜17時の間に
かけるようにする

D 謝罪やお礼、重要な用件は、
メールの方が好まれる

電話をかける際のマナー

①事前準備
- どこの誰にどのような用事で電話をかけるのか把握しておくこと
- 担当者が不在の場合は、目上の方やお客様であればかけ直してもらうことはせず、自分からかけ直す

②タイミング良くかける
- 朝の6〜8時や20時以降という遅い時間帯は避けて、9時〜17時の間にかける
- 携帯からかけるときは、雑音はないか、電波がきちんとある場所か、周りの人達に迷惑がかからないか等の配慮も必要

③電話よりメール、FAXの方が良い場合もある
- 要件がいくつもある場合や複雑な内容のときは、メールを送り、電話で確認する
- 地図や住所等は、文書にして送る
- 謝罪やお礼、重要な用件は、メールやFAXではなく、直接電話するか伺う

Q.42 【 電話応対 ④ 】

相手に伝える言葉として、
次のうち**間違っている**ものはどれでしょう？

A 相手が早口で聞き取れなかったとき
「恐れ入りますが、
　もう一度おっしゃっていただけますでしょうか」

B 相手の声が小さくて聞こえないとき
「申し訳ございません。電話が少々遠いようです。
　もう一度、お聞かせいただけますか」

C 急ぎの案件だからと携帯の番号を聞かれたとき
「山田から直接連絡をするように申し伝えます。
　恐れ入りますが、連絡先を教えていただけます
　でしょうか」

D 名乗ってもらえなかったとき
「お名前教えていただいていませんでした。
　どちら様でいらっしゃいますか？」

 D

電話での伝え方

「いきなり、佐藤部長いますか?」と、相手に名乗ってもらえなかったときは「会社名とお客様のお名前を教えていただけますでしょうか?」と、確認しましょう。

「急いでいるから部長さんの携帯番号教えて!」と、急かされても落ち着いて相手の連絡先を聞き、本人にかけ直してもらうようにしましょう。社外の人に本人の断りもなく個人情報を伝えるのはいけません。

【 電話応対 ⑤ 】

お客様から電話がかかってきたのに、
名指し人がいない場合の伝え方として、
次のうち**間違っている**ものはどれでしょう?

- **A**「山田はタバコを吸いに行っておりません」
- **B**「山田はトイレに行っているんですよ」
- **C**「今までいたんですけど……
  ちょっと見当たりません」
- **D**「山田は席を外しております」

A.43 ＡＢＣ

不在時の伝え方

・「席を外しております。戻りましたらかけ直しいたしましょうか?」
・「出張に行っておりまして戻りは来週月曜日です。よろしければ他のわかる者がいれば代わりますがいかがでしょうか?」
・「外出しておりますが、15時には戻る予定でございます。ご伝言承りましょうか」

Q.44 【 携帯電話のマナー 】

今や携帯電話は仕事の必須アイテムですが、
ビジネスでの携帯電話のマナーとして
次のうち、**間違っている**のはどれでしょう？

- **A** 社外で話すときは、会話の内容を周囲に聞かれないよう注意する
- **B** 会議中、来客中は基本的にマナーモードにしておく
- **C** 緊急や重要な場合を除いて、相手の業務時間帯にかけるようにする
- **D** 商談中、他のお客様からかかってきた電話について2回まで出ても問題ない

 D

携帯電話の取り扱い方

- 他人の電話番号をむやみに教えない
- 会社名、名前、内容が筒抜けにならないよう、機密事項の場合は注意する
- 休みの日は極力控えて、かけても良い時間帯を意識する
- 不快にさせないような着信音に設定する
- 会議中、来客応対では、マナーモードの設定にする
- 会議中、商談中、来客応対での通話は致し方のない場合を除いて、極力しない

【 携帯メールのマナー 】

ビジネスでも携帯メール(LINE等)で
やりとりすることも増えてきました。
次のうち正しいメールのやり取りは
どれでしょう?

A 無機質になりがちなので多少の絵文字はOK

B 略語には気をつける

C デコメールはイベント以外送らない

D 画像添付も容量や内容と合っているかを
気にかける

A.45　A B C D

相手との関係性によって異なります。
異性の場合は誤解されないように気をつけましょう。

携帯メールのマナー

無機質になりがちなメール。LINE でのやりとりも増えてきています。
上司と部下の関係では略語、絵文字、スタンプにも気を配りましょう。
相手との関係性で、送っても良いかどうかをよく見ること。
相手がスタンプを送ってくれたら自分も数回に一度送るといった、少しずつ合わせるようにしていくのが無難です。

Q.46 【 来客応対 】

オフィスで、一度に2人以上のお客様が
来客された場合の、受付応対として正しいのは、
次のうちどれでしょう?

A 先にお見えになったお客様から受付を行う

B 誰を呼び出せばよいか確認し、
重役との約束のお客様を優先する

C お客様の会社名を訪ね、
重要な取引先のお客様から受付を行う

D 自身がより重要と判断したお客様から
受付を行う

A.46 A

来客応対の流れ

①お迎えする
笑顔で「いらっしゃいませ」「いつもお世話になっております」「○○様お待ちしておりました」と、あいさつします。自分の担当ではないからと無視をせず、会社の代表としてお迎えしましょう。

②相手と用件を確認する
相手の会社名、お名前、用件、アポイントメントの有無、担当者は誰か等を確認します。
「営業部の山田部長いらっしゃいますか？」と、言われたらアポイントメントの有無を確認します。アポイントメントがある場合はすぐに応接室に案内します。ない場合は担当者に確認します。
アポイントメントがなく、担当者が不在のときは、「申し訳ございません。○○はただいま外出しております。14時には戻る予定です」と伝え、伝言を聞くのか、連絡先を聞いて担当者から連絡させるのか、お客様に確認します。

名刺を渡されたときは「ありがとうございます。お預かりいたします」と伝え、担当者につなぎます。名刺はお返ししても構いません。「お名刺ありがとうございました」と、伝えれば問題ありません。

Q.47 【 誘導 】

訪問されたお客様を、
応接室へお連れする際に、廊下や階段、
エレベータでの誘導の仕方として、
正しいのは次のうちどれでしょう?

A▶ 廊下では、お客様の隣に歩いて誘導する
B▶ 「右側にございます」と向かう方向を示し、
   指先はそろえる
C▶ 階段では、上りは自分がお客様の後ろについて、
   下りは先に降りる
D▶ エレベータは、「上位者先乗り先降り」が原則

A.47　B　C　D

誘導のマナー

案内するときは、「左手にございます応接室へご案内します」「奥のお部屋にご案内します」等と、行き先を伝えてからご案内します。

①**廊下**
お客様の斜め2、3歩前を歩いて誘導します。お客様には廊下の中央を歩いてもらいます。歩く速度も相手に合わせましょう。「右側にございます」と向かう方向を指で示しますが、その時指先はそろえます。

②**階段**
上りは自分がお客様の後ろについて、下りは先に立って降りるというのが一般的なマナーですが、行き先がどこかわからないお客様にとって前を歩くということはとても不安なことです。上りも下りも「お先に失礼いたします」と断り、前を歩いて誘導して良い場合もあります。

③**エレベータ**
「上位者先乗り先降り」が原則です。ただし「開」のボタンを押す必要がある場合は、自分が先に乗ってお客様を迎え、降りる階に止まったら「こちらでございます。そのまままっすぐお進みください」と方向を示し、先に降りていただきます。エレベータ内では操作ボタンの近くが下座で、エレベータ奥が上座になります。

Q.48 【 茶菓接待 】

茶菓接待のマナーとして、
正しいのは次のうちどれでしょう?

A お茶を出すときは、人数分のお茶を入れて
お盆に乗せて運ぶ

B テーブルの上に書類や資料が広がっているときは、
よけてからお茶を置く

C 上座に座っている上位の人から順に出す

D おしぼりやお菓子を一緒に出すときは、
おしぼりとお茶を右側に、お菓子を左側に置く

A.48　A C D

お茶の接待

- お茶を出すときは、人数分のお茶を入れてお盆に乗せて運ぶ
- 茶たくは重ねたままで運び、出すときに、茶たくを添える
- テーブルの上に書類や資料が広がっているときは、相手に動かしていただくまで待つ
- 茶たくやソーサーは両手で持つ
- 来客の上位の人から順に出す
- お客様の右側から出す
- 事情で右側から出せないときは「こちらから失礼します」と、一言断って出す
- 自社の人間はお客様に出し終わってから上席より順に出す。
- おしぼりやお菓子を一緒に出すときは、おしぼりとお茶を右側に、お菓子を左側に置く
- 全員にお茶を出し終えたら、お盆を脇に抱えてドアの前で一礼してから退室する

〈 番外編 〉

- お客様をお待たせするときは、お客様の人数分だけ先に出す
- 担当者が入室したら、改めてお客様と担当者のお茶を出す
- 担当者がすぐに来ることがわかっていれば、全員揃ってから出す

Q.49 【 お見送り 】

お客様がお帰りの際のお見送りとして、
正しいのは次のうちどれでしょう?

A お見送りは、エレベータまでという決まりがある

B お客様がエレベータに乗り込むまで一緒に待つ

C ドアが閉まる前に「ありがとうございました」
と言い頭を下げる

D 立場の高い人や、遠方からわざわざ来て
くださったお客様のみ玄関まで見送る

A.49 B C

お見送りのマナー

・エレベータや玄関までお見送りする
・お客様がエレベータに乗り込むまで一緒に待つ
・ドアが閉まる前に「ありがとうございました」「お気を付けて」
　等のあいさつをして、ドアが締まるまで頭を下げてお見送りする
・自社ビルであれば、玄関まで見送る
・立場の高い人や、遠方からわざわざ来てくださったお客様は高層
　ビル内にオフィスがあっても玄関まで見送る
・車に乗って帰るお客様には、車が見えなくなるまで見送る

【 席次 ① 】

会議室や応接室、和室等で、目上の方に座っていただく場所を「上座」と言います。席次のマナーで、正しいのは次のうちどれでしょう？

A 応接室の席次では、入口から最も遠い席が上座

B 応接室の席次では、2人掛けのソファーと1人掛けのソファーの場合、1人掛けが上座

C 応接室の席次では、入口側であっても美しい景観や展望が見える場所が上座

D 和室では、床の間の前が上座

A.50　A　C　D

応接室の席次

- 入り口から最も遠い席が上座
- 2人掛けのソファーと1人掛けのソファーがある場合には、2人掛けのソファーが上座
- お茶を出す順序も、席次の順番で出す
- 美しい景観や眺望が臨める窓がある場合は、入口側であっても景色が見える方が上座となる

和室での席次

- 和室では床の間の前が上座
- 和室では入り口に最も近い席が下座

コンプライアンス コラム

やっていいこと
悪いこと ⑤

社員に理解させたい
SNS問題

今の20代は、小学生の時からケータイ、パソコン、SNSに慣れ親しんできた世代。スマートフォンの普及も相まって、フェイスブックやツイッター、ブログといったインターネット上のソーシャルメディア（SNS）を使う人が急増しています。個人の考えをネット上で不特定多数の人に発信することに抵抗がない人も多くいます。その発信の内容が大問題を招いたり、罪になることもあるということまで考えないで投稿している人も多いのです。問題が起きてしまってから「知らなかった」「こんなことになるとは思わなかった」と、後悔しても、取り返しが

つかないこともあるのです。
SNSで何かを発言する、言葉を残す、写真を掲載するということは、知らない大勢の人に向かって大声で叫んでいることと同じです。「問題が起こったら削除すればいいや」と、簡単に考えがちですが、一度、流出した情報は簡単には取り消せません。企業は、内定者を含め、従業員にSNSの正しい扱い方を理解させることも求められています。個人だけの問題ではなく、「○○会社の従業員が、このような内容を投稿した」という具合に、企業問題として見られることもあるのです。これは、アルバイトやパート、派遣社員にも当てはまる問題です。

Q.51 【 席次 ② 】

乗用車(タクシーやお客様が運転してくださる場合)、列車、エレベータ等でも席次のマナーがあります。正しいのは次のうちどれでしょう?

A タクシーの上座は助手席の後ろ
B 取引先の社長さんが運転してくれる場合の上座は、運転席の後ろ
C 新幹線の上座は通路側
D 飛行機の上座は窓側

A.51 D

タクシーの席次

- タクシーの上座は、運転手の後ろ
- 例外として、おなかが大きな妊婦さんやタイトスカートの女性、小さな子供を連れた方、ご年配の方等は、奥の席より、手前の方が良い場合もある
- 臨機応変に「お先に失礼いたします」と、奥の席に乗り込んだほうが良い場合もある

オーナードライバーの席次

- 取引先の社長さんが送ってくれた場合の上座は、運転手の社長さんにあわせた地位の高い方が助手席、次に運転手の後ろ、助手席の後ろ、最後に真ん中が下座となる

新幹線や飛行機での席次

- 窓側が上座、通路側が下座

Q.52 【 名刺交換 】

相手と名刺交換する際のマナーとして、
間違っているのは次のうちどれでしょう?

A 名刺は、すぐに取り出せるように名刺入れの他にも上着のポケット、財布等にも入れておく

B 目下、あるいは訪問者の方から相手に近づき、先に名刺を出す

C テーブル等挟む場合は座ったままで交換すること

D 相手と同時に名刺を差し出す場合は、相手より少し高めの位置に出すと良い

A.52 A C D

名刺のマナー

- 名刺は、すぐに取り出せるように名刺入れには常に多めに名刺を入れておく
- 目下あるいは訪問者の方から相手に近づき、先に名刺を出す。
- テーブル等を間にはさまないようにする
- 移動が難しくテーブル等を挟んでしまう場合は「このままで失礼します」と伝えて立って交換する
- 相手が読める向きにした名刺を右手で持ち、左手を添える
- 相手の顔をきちんと見て、会社名、部署名、名前を名乗る
- 名刺を渡す高さは、相手の胸の前あたりに差し出す
- 同時に名刺を出した場合は、相手より少し低い位置で差し出せば、相手を立てることができる
- お互いに同時に名刺を差し出している場合は、お互い右手で差出し、左手で受け取る
- 名刺を受け取る時は、「ちょうだいします」と言って会釈をしながら受け取る
- 相手の名前や会社名を指でふさがないように注意する
- 名前等について話をする場合は、受け取った名刺は名刺入れの上に置いて、胸の高さの位置で持つ
- 商談や打ち合わせ等がある場合は、テーブルの上に名刺入れ、名刺の順に積み重ねておく
- 人数が多い場合は、座っている順番に名刺を並べて置く
- 話が終わり、席を立つ前のタイミングで名刺入れにしまう

Q.53 【 名刺の扱い方 】

相手からいただいた名刺の、
取り扱い方のマナーとして、
間違っているのは次のうちどれでしょう?

- **A** 相手からいただいたら、すぐに名刺の裏に「いつ会ったか」等のメモを書く
- **B** 名刺を忘れてしまったときは「名刺を切らしておりまして」と伝えて詫びるだけで良い
- **C** 名刺入れがどうしても見つからない場合は、見つかるまで探してから交換する
- **D** 名刺をいただき、名乗ってくださったのに聞き取れず、読み方がわからない場合は「失礼ですが、○○様とお読みすればよろしいでしょうか?」と確認する

A.53 ＡＢＣ

名刺の扱い方

- 受け取る時、相手の名前や会社名、ロゴ等を指で隠さない
- ポケットやお財布、手帳に直接名刺を入れ、そこから取り出さない
- しわしわ、よれよれ、ぐちゃぐちゃになっている名刺や折れ曲がっている名刺、汚れている名刺を渡さない
- 会社名や名前を確認せずすぐに名刺入れにしまわない
- 先方から受け取った名刺の裏をメモ代わりに使わない
- 受け取った名刺を机の上に忘れて帰らない
- 名刺を忘れてしまったときは、「申し訳ございません。ただいま名刺を切らしておりまして、改めて名刺をお送りいたします」と、伝えて送る
- 名刺入れがどうしても見つからない場合は、「お先にちょうだいします」と言って名刺を受け取り、その後「申し遅れました」と言って名刺を差し出す
- 名刺をいただき、名乗ってくださったのに聞き取れず、読み方がわからない場合は「失礼ですが、○○様とお読みすればよろしいでしょうか？」と確認する
- 一度に複数の人と名刺交換する場合は、役職の高い方から渡す
- 商談等に入る場合は、座っている順番通りに名刺を並べる

Q.54 【 紹介 】

人を紹介するときは、あらかじめ
決まっている順番やルールがあります。
紹介するときのマナーとして、
間違っているのは次のうちどれでしょう？

- **A** 身内を先に相手に紹介し、その後相手を身内に紹介する
- **B** 社外の人を先に紹介して社内の人を後に紹介する
- **C** 上司と取引先では、身内である上司を先に取引先に紹介する
- **D** 地位が上の人を先に紹介して地位が下の人を後に紹介する

A.54　B　D

身内を先に紹介するというマナー

・身内を先に相手に紹介し、その後相手を身内に紹介する
・上司と取引先では、身内である上司を先に取引先に紹介する

1. 社内の人を先に紹介して社外の人を後に紹介する
① 「ご紹介いたします。私の上司で総務部長の佐藤でございます」
② 「部長、株式会社ABCの鈴木様です」

2. 地位が下の人を先に紹介して地位が上の人を後に紹介する
① 「林様、こちらは株式会社ABCの営業課長の鈴木様です」
② 「鈴木様、こちらは株式会社XYZの総務部長の林様です」

3. 年齢が下の人を先に紹介して年齢が上の人を後に紹介する
① 「加藤主任、新入社員の伊藤さんです」
② 「伊藤さん、こちらはこれからお世話になる加藤主任です」

4. 一人を先に紹介して複数を後に紹介する
① 「皆さんにご紹介します。今日から一緒に受付担当をしてもらう井上さんです」
② 「右にいるのが山本さん、次は遠藤さん、その隣が小田さん」

5. 親しい人を先に紹介して交際の浅い人を後に紹介する
① 「北山さん、幼馴染の上田さん」
② 「上田さん、会社の後輩の北山さん」

【 訪問・面談 ① 】

訪問する場合や、面談させてもらう場合は
事前に相手と日時を決めたり、
場所を決めたりといった約束を
しなければなりません。
この約束を「アポイントメント」と言います。
アポイントメントのマナーとして、
間違っているのは次のうちどれでしょう?

- **A** 新規のお客様には、「自己紹介」「訪問目的」「訪問日時」「所要時間」「同行者」を伝える
- **B** アポイントメントなしは避ける
- **C** 転勤や移動、退職のあいさつはアポイントメントなしでも良い
- **D** 約束した日時に不都合が生じてしまったときの変更のお願いは、基本的には不可能である

A.55 D

アポイントメントのマナー

- アポイントメントなしは避ける
- あらかじめ電話やメールで、都合の良い日時を確認してから訪問する
- アポイントメントがなくても良い場合は、転勤や移動、退職等のあいさつ
- 相手の都合を優先する
- 面会の約束をするときは用件も伝える
- 予約は1週間〜10日の中で日程調整する
- 先方が忙しい場合は、ずっと後の予約になることもあるが、時期が近づいてきたときに確認連絡する
- 約束した日時に不都合が生じてしまったときは、お詫びをし、手短に事情説明をして、再度相手の都合を確認する

新規のお客様に伝えること

「突然の連絡失礼いたします。私、株式会社ＡＢＣ営業部の北海と申します。インターネット回線で３台以上の固定電話がある企業様に、大幅なコストダウンに結びつく回線のご提案をさせていただきたく、お電話いたしました。30分程度で構いませんので、よろしければご案内したいのですが、一度ご面会いただけませんでしょうか?」と、伝えます。

【 訪問・面談 ② 】

会社やご自宅に訪問するときの
マナーとして、正しいのは、
次のうちどれでしょう?

- **A** 前日に「明日の10月1日午後1時から伺います」といった、メールや電話をする
- **B** 名刺や書類、パンフレット、その他面会する際に必要な持ち物を用意する
- **C** 都合によりどうしても遅れる場合は、約束の時間を5分過ぎてから連絡する
- **D** 企業には15分前に到着するようにし、ご自宅には10分前にチャイムを鳴らすよう心がける

A.56 A B

訪問するまでの準備

・前日にメールや電話で連絡をする
・名刺や書類、パンフレット、その他面会する際に必要な持ち物を用意する
・訪問先の住所、電話番号、道順、交通ルート、所要時間も調べる
・遅れる時は約束の時間前に、早めに連絡する
・企業訪問の場合、10分前には到着し5分前に受付で呼び出し人を呼ぶ
・コートを脱いで手で持ったり、雨の日であれば傘の雫を落とす等、準備をしてから中に入る
・一般のご自宅へは、準備で慌ただしくさせていることを思って時間ちょうどか数分遅れてチャイムを鳴らすようにする

【 訪問・面談 ③ 】

企業訪問では、受付から応接室での振る舞い、面談時間、退出する際のマナーまで気を配らなければいけません。
訪問のマナーとして正しいのは、次のうちどれでしょう?

A タバコは、灰皿が置いてあった場合は断って吸っても良い

B 「こちらでお待ちください」と言われた席で座って待つ

C カバンやコートは、椅子の上におかず、足元の床に置く

D 先方から「そろそろよろしいですか?」と言われたら切り上げる

A.57 c

訪問のマナー

1. 受付での振る舞い

「お世話になっております。わたくし、株式会社ＡＢＣの北海と申します。総務部田中様と 13 時に打ち合わせのお約束をしております」と、伝えます。

2. 応接室での振る舞い

① 「こちらでお待ちください」と、案内されたら「ありがとうございます。失礼します」と言って座らずに下座に立って待つ
② 「少し時間がかかりそうですのでお座りになってお待ちください」と、言われたら座っても良い
③ 担当の方がいらっしゃったらすぐに立ってお迎えする
④ 上座にはすすめられてから座る
⑤ カバンやコートは、椅子の上におかず、足元の床に置く
⑥ お詫びの時は、上座をすすめられても下座に座る
⑦ お茶やコーヒーは「どうぞ」と言われてから飲む
⑧ 携帯は緊急時以外出ない、通常はマナーモード
⑨ タバコは控える
⑩ 面会時間は先方の時間を奪ってしまっていると思い、短めに切り上げる

3. 退出する際の振る舞い
①見送りを受けたら「お見送りありがとうございます。こちらで結
　構です」と、エレベータ前で伝える
②商談がうまくいかなかったとしても、時間を作ってくれた相手に感謝を伝える
③コートは玄関を出てから羽織る
④訪問後は、当日か翌日までにハガキやメール、電話等でお礼をする

大人の常識力を高める

【 訪問・面談 ④ 】

個人宅に訪問するときのマナーとして
正しいのは、次のうちどれでしょう?

A 伺う時間の配慮として平日の10時～11時
または、13時～16時の間に訪問する

B 靴の脱ぎ方・揃え方として、外側を向い
たまま靴を脱ぎ、揃える

C 手土産で、冷蔵しなければならないものは、
袋から取り出し玄関先で渡す

D 手土産で、冷蔵が必要ないものは、
部屋に通されてから袋から出して渡す

A.58　A C D

個人宅に訪問するときのマナー

- 手土産を買う際、ご家族のことも考えて品物を選ぶ
- 伺う時間の配慮として平日の10時～11時30分または、13時～16時の間に訪問する
- 急に都合が悪くなったり、忘れてしまっていたりすることもあるので、事前に連絡を入れる
- 身だしなみにも配慮が必要で、靴下やストッキングはきれいなものを履いていく
- 香水等は控える
- コートは玄関前で脱いで手に持つ
- 到着時間について、個人宅の場合は早い到着は喜ばれない。
- 靴の脱ぎ方・揃え方として、正面を向いたまま靴を脱ぎ、上がったところで斜めに膝をついて座り、靴先を外に向けて揃える
- 手土産で、冷蔵しなければならないものは、袋から取り出し玄関先で渡す
- 手土産で、冷蔵が必要ないものは、部屋に通されてから袋から出して渡す
- 案内されていない部屋に入ったり、動き回って写真や貼り紙等見ないように気をつける

【 和室のマナー 】

個人宅で、「和室」に通されることもあります。
和室のマナーとして正しいのは、
次のうちどれでしょう?

- **A** ふすまの正面に座り近い方の手を引き戸にかけ、半分程ふすまを開ける
- **B** 座ったままで膝をずらしながら入室する
- **C** 座布団がある場合は、すぐに座らず右側に正座する
- **D** 「足を楽になさってください」と言われたら、下座方向に足をずらす

A.59 D

和室のマナー

1. ふすまの開け方
①ふすまの正面に座り近い方の手を引き戸にかけ、10cm程ふすまを開ける
②ふすまの縁の、下から25cmあたりに手をずらし、体の半分ほどまで開ける
③反対の手で体が通れるくらいまで開け、会釈をしてから立ち上がり入室する

2. 座布団の座り方
①座布団の左側に正座する
②両手を軽く握って座布団の上に乗せる
③両手を支えにして片膝ずつ動かし、座布団の後ろの方に両膝を乗せる
④手を突きながら座布団の上を、膝を前にずらしながら、中央まできたら正面を見て姿勢を正す

和室でやってはいけない行動

・畳のヘリを踏む
・敷居を踏む
・座布団を踏む
・立ったままお辞儀する
・崩した足を上座に向ける

Q.60 【 贈答 】

お世話になっている方への
贈り物のマナーとして正しいのは、
次のうちどれでしょう?

A 結婚祝いでは、包丁やナイフ、はさみ、
ガラス製品や陶磁器等は、「切れる」「割れる」
「壊れる」を連想させるので贈らない

B 長寿のお祝いには、
スリッパやサンダル等を贈る

C 長寿のお祝いには、時計かエプロンを贈る

D 目上の方や年長者には現金は贈らない

A.60　A　D

贈答のマナー

- 結婚祝いでは、包丁やナイフ、はさみ、ガラス製品や陶磁器などは、「切れる」「割れる」「壊れる」を連想させるために贈らない
- 長寿のお祝いには、スリッパやサンダル等の履物は「踏みつける」ものとして嫌われる
- 長寿のお祝いには、時計は「早起き」、エプロンは「働く」を連想させるから贈らない
- 新築のお祝いに、ストーブやライター、灰皿等「火」に関連するものは贈らない
- 目上の人や年長者に現金は贈らず品物を選んで贈る

コンプライアンス コラム

やっていいこと
悪いこと ⑥

プライベートでも注意が必要
「自転車の乗り方」編

2015年に道交法が改正され、自転車の乗り方にも注意しなければいけません。例えば、ブレーキのない自転車の運転が全面禁止。道路を走る場合は左側だけ。携帯電話を使用しながらの運転手には安全講習を受けることが義務化。自転車は手軽で気軽に乗れます。だから、ちょっとした気の緩みが大事故につながることもあるのです。

刑事罰の対象は14歳以上。信号無視や遮断機の下りた踏切への立ち入り、夜間の無灯火運転、傘を使用しながらの運転はもちろん禁止。お酒を飲んで自転車を運転した場合は、重い刑罰が科せられます。飲んだら自転車を押して帰りましょう。自転車の運転者だけでなく、自転車を貸した者、お酒を提供したり勧めたりした者も処罰されます。

プライベートでも注意が必要
「お酒の飲み方」編

アルハラにも気を付けましょう。アルハラとは、アルコールハラスメントの略。

<アルハラ定義5項目>

①飲酒の強要がある。上下関係・部の伝統・集団によるはやしたて・罰ゲーム等といった形で心理的な圧力をかけ、飲まざるをえない状況に追い込むこと。

②イッキ飲ませ。場を盛り上げるために、イッキ飲みや早飲み競争等をさせること。

③意図的な酔いつぶし。酔いつぶすことを意図して、飲み会を行なうことで、傷害行為にもあたる。

④飲めない人への配慮を欠くこと。本人の体質や意向を無視して飲酒をすすめる、宴会に酒類以外の飲み物を用意しない、飲めないことをからかったり侮辱する等。

⑤酔ったうえでの迷惑行為。酔ってからむこと、悪ふざけ、暴言・暴力、セクハラ、その他のひんしゅく行為。

毎年大学生のイッキ飲みで痛ましい事件が報道されています。先輩の誘いが断りづらいことや「空気を読めない奴だと思われたくない」といった気持ちもあるでしょう。社会人では「付き合いが悪い奴」といったパワハラも存在します。「飲めません」と断る勇気を持ちましょう。

大人の常識力を高める

第2章

接客マナー編

大人の常識力を高める
100問

【 接客者としての心がまえ 】

多くのお店や商品があふれ、
ネットショップも普及した現在では、
販売スタッフの「接客力」が
大きく注目されています。
では、プロの接客者が実践することとして
正しいのは次のうちどれでしょう?

- **A** スタッフ同士で私語に夢中にならない
- **B** レジ周りで事務作業をしない
- **C** お客様が入店したらすぐに「何かお探しですか」と声をかける
- **D** 若いお客様、ご年配のお客様にかかわらず公平に同じ言葉遣い、言い回しで接客する

A.61　A B

プロの接客者ができていること

- 待機姿勢には気を配っている
- スタッフ同士で私語に夢中になることはない
- レジ周りで事務作業をしていない
- お客様の入店に気がつくよう目配せをしている
- 笑顔で出迎えている
- 感じの良いあいさつができる
- 入店してすぐ「お探しですか?」等聞かずに、入店しやすい印象を与えている
- 接客用語や言葉遣いに間違いはない
- 声が明るくハキハキした印象
- 親しいお客様とでも一定の距離を保った言動・行動を心がけている
- 世代に合わせて言い回しや言葉遣いを変えられる
- 商品知識が完璧に備わっている
- 満足するご提案ができる
- 迷っている時に背中を押す一言が言えている
- 「ありがとうございます」という言葉に心がこもっている
- お客様の名前を覚え、お客様にも自分の名前を覚えてもらっている
- 接客の仕事に誇りを持っている
- 商品に愛着がある

Q.62 【 目配り 】

接客業において、
お客様に「目線を向ける」という行為は、
お客様に関心を向けていることを伝える上で、
大切な意味があります。
では、お客様へ目線を向ける上で
心がけるべきことは次のうちどれでしょう?

A 笑顔を意識して目線を送る

B 事務作業をしていても
来店に気がつくようにする

C お客様が目線に気づいて目が合うまで
向け続けるようにする

D 目線があったお客様は関心があるという
ことなので積極的に接客する

A.62 A B

目線の効果

目線を向けないということは「関心がない」「興味がない」「相手にしていない」「歓迎していない」という意思表示。無視するという行いは接客者として最低です。
事務作業に追われてお客様が来店してくださったことに気づけないというのは、接客のプロではありません。
お客様と目が合わなくても良いのです。
目線には、「歓迎しています」「関心を持っていますよ」という気持ちを伝える効果があります。
「わざわざ当店を選んで来て下さりありがとうございます」という感謝の気持ちとともに笑顔目線を送りましょう。

【 歓迎は「口元」に表れる 】

人間の顔で「口元」は
多くのことを物語っています。
接客のプロとしての「口元」として
正しいものは次のうちどれでしょう？

A 口元を軽くあけ歯を見せる

B 口元を閉じ唇を一文字にする

C 口元を閉じ口角を意識して微笑をつくる

D 口元はできる限り大きくあけたままでいる

A.63 A

口元に表れる心理

「目は口ほどにものを言う」ということわざがありますが、「口元」も多くのことを物語っています。
相手の話に興味があって、面白いなと惹きつけられているときは、口元は自然にゆるみ、口が軽く開いているはずです。リラックスした状態の際は、なんとなく口元は緩んでいるはずです。
しかし、相手の話に飽きていたり興味がなかったり、不安や緊張といったマイナスな感情がある場合は、口元はぎゅっと閉じられています。相手の情報が入ってくることを拒んでいるサインなのです。
不安や不満がピークに達してくると、唇はさらに内側に入ります。「聞きたくない、受け入れたくない」という心の表れです。
「いらっしゃいませ」を言い終わっても「せ」の口の形をキープしたまま歯を見せ続けてください。
唇を閉じないこと。口元は軽く開けっ放しにする。これが「あなたを全面的に受け入れています」「歓迎しています」「あなたの味方です」という意思表示になるのです。

Q.64 【 お客様に合わせること 】

相手をよく観察して、
相手と同じような行動をとることを
「ミラーリング」と言います。
ミラーリングにより相手は
「自分と似ている」「同じ価値観だ」と、
心の距離を縮めることができます。
では、次のうちミラーリングの行動として
正しいのはどれでしょう?

A おっとりした雰囲気の人には、
急かさないようにする

B 口数の少ない人とは、
無言でも相手が気まずそうでなければ問題ない

C 早口な人には、返事もすぐに行う

D マシンガントークの人には、
こちらも矢継ぎ早に次々と質問する

A.64 A B C

ミラーリング

人は誰でも自分と似たような人に好感を持つものです。同じような感覚だな、似ているな、価値観も似ているなと感じる人にはストレスを感じません。
接客をする際は意図的にお客様に合わせるのです。お客様に似せていくのです。
歩くスピードや話すスピードから、声のトーン、表情、仕草をよく観察して合わせていきましょう。
自分のスピードやタイミングで接客するのではなく、お客様のスピードやタイミングで接客するのです。ですからお客様観察が必要なのです。

【 接客態度 ① 】

接客態度によって、お客様は良い気分にも
嫌な気分にもなります。
では、雑貨店や洋服店等の接客態度で
「お客様が**嫌がる態度**」なのは
次のうちどれでしょう?

- **A** 入店直後に「お探し物ですか?」と話しかける
- **B** お客様の外見で買うか買わないかわかるので
  服装で接客態度を変える
- **C** お客様情報の把握のため、
  年齢や既婚未婚についても聞く
- **D** 子供に「ありがとう」と言われても、
  お金を支払う親に礼を伝える

A.65 A B C D

お客様に嫌われる態度

・入店直後に「お探し物ですか?」「こちら新作です。いかがですか?」等と売り込む
・あいさつに覇気がない、笑顔がない、ふてくされている
・荷物の搬入や事務処理が忙しいからとあいさつも接客もしない
・お客様がいらっしゃる近くに大きな荷物が置いてあっても片付けない
・おたたみや商品整理ばかりでお客様を見ようともしない
・お客様を見ながらニヤニヤ笑う
・お客様を見ながら他のスタッフとヒソヒソ話をする
・お客様の前で他のスタッフと大声でしゃべっている
・お客様に上から目線で威圧的な態度
・いかにも貧相だと思う格好をしているお客様には接客しない(外見で判断する)
・年齢や結婚しているかどうか等のプライベートなことを聞く
・「見ているだけなので」と言った途端に冷酷な態度になる
・「見ているだけなので」と言っているのにつきまとう
・売り物の商品を地面に置いていたり、雑に扱ったりしている
・レジで目を合わせない
・レジで子供が「下さい」や「ありがとう」と言っているのに無視をする
・レジで子供が「ありがとう」と言っているのに親に礼を伝える
・購入しなかったお客様が店を出るときにあいさつをしない

Q.66 【 接客態度 ② 】

接客態度によって、お客様は
良い気分にも嫌な気分にもなります。
では、飲食店の接客態度で
「お客様が**嫌がる態度**」なのは
次のうちどれでしょう?

A 家族での来店の場合、一番先頭に立っている人に
「いらっしゃいませ」を言う

B お客様の歩く速度に合わせながら席まで案内する

C 食事は大人から先に出し、子供の料理は
最後に出す

D 「以上でよろしかったでしょうか。
ありがとうございます」と、あいさつする

A.66　A C D

お客様に嫌われる態度

- 入店に気づかずにずっと待たせる
- 入店に気づいても急いで案内をしようとしない
- 「いらっしゃいませ」が仏頂面で機械的
- 「いらっしゃいませ」を子供には言わない
- お客様の歩く速度を気にせずさっさと席まで歩いて行ってしまう
- 子供から「オレンジジュース下さい」と言われても親に「かしこまりました」と言う
- 注文時の態度が横柄で上から目線
- 「忙しい時にまた客が来た」という態度がバレバレ
- 待機中に他のスタッフと大声で話したり笑ったりしている
- お客様の方をジロジロ見ながら話をする
- 混雑時料理を運んできても「お待たせいたしました」のひと言がない
- お水やおしぼりを頼まれても忘れることが多い
- 食事は大人から出して子供は後回し
- 「よろしかったでしょうか」「こちらになります」という間違い言葉を使っている
- 料理を置くときやお皿を片付けるときの仕草が乱暴で雑
- 食事が終わって立ち上がったらすぐに片付けようとする
- レジで目線を合わせない
- 「ありがとうございました」を下を向いたまま言う

Q.67 【 提案のタイミング 】

お客様に商品を提案するためには、
お客様の好みや好きなデザイン等の
情報を仕入れることで、
より適切な提案ができます。
では、スーツを探していそうなお客様に
提案するタイミングとして
次のうち最も適切なのはどれでしょう?

A お客様が店内を1周して商品を手に取った時
B お客様が来店した時
C お客様が商品を見比べて確認している時
D お客様がスーツを試着した時

A.67 A

お客様観察

お客様から直接聞かなくても観察するだけでお客様のことがなんとなくわかってくるものです。
ファッションや持ち物、歩き方や雰囲気でどのようなお客様なのか予想しておきましょう。
ご提案をするタイミングは、店内を1周したお客様が特定の商品のもとに戻り、手にとった瞬間です。例えばスーツであれば「そちらのスーツはビジネスでも結婚式にでも着られるファッション性の高いデザインで人気です。色違いはこちらにございます。お客様、デザイン性の高いスーツをお探しでいらっしゃいますか？」等です。
店内を1周し、興味を持てたからその商品に戻って来られたのです。
その興味を持たれた商品についてのご提案であれば聞いていただけるでしょう。

【 ヒアリング 】

「スーツを探している」というお客様。
提案する前に把握しておきたいことが
あります。
次のうち最も適切なヒアリング（質問）は
どれでしょう？

A　「どのような場所で着られることが多いですか?」

B　「20,000円のスーツが人気です。
　　　ご覧になりますか?」

C　「何でも合わせやすいのは黒ですよね。
　　　いかがですか?」

D　「お持ちのものはどのような形が多いですか?」

A.68 AD

ヒアリング

①場所
「どのような場所で着られることが多いですか？ お勤め先ですか？ パーティーですか？」

②ご予算
「10,000円、20,000円、50,000円のスーツが人気ですが、どうしましょうか。10,000円以下のお求めやすいものもありますが、ご覧になりますか？」

③色
「何でも合わせやすいのは黒ですよね。ただ黒ばっかり買っちゃって着ていないものまであるとおっしゃる方が結構多いんです。ダークカラーでは、ネイビー、グレー、ブラウン、キャメルも上品な雰囲気を出してくれるので人気ですよ」

④その他
- クリーニングではなく自宅で洗える素材のスーツもあるということを伝える
- 繊細な素材の購入後のケアの仕方について伝える
- プレゼントであれば、どのようなものを探しているのかじっくり聞く
- 男性客にはスペックを、女性客には実際に着ているイメージができるような提案をする
- 着まわしの仕方や他の使い方についてもご提案する

Q.69 【 会話力 ① 】

来店されたお客様が
マフラーを探していました。
ヒアリングをしたところ
「通勤用のマフラーを探している」
との事です。
あなたが次にお客様に対して行うことで、
最も適切なのは次のうちどれでしょう?

- **A** お客様のお勤め先、業績、通勤の時間帯をヒアリングする
- **B** 通勤用のコートやカバンの色、デザインをヒアリングする
- **C** お客様の私服の好みをヒアリングする
- **D** 新作で一番売れているマフラーを紹介する

A.69　B

会話力良い例①　※お客様＝客、スタッフ＝ス

客「マフラーを見に来ました」

ス「最近すごく寒くなってきましたもんね。私も今年、新しいマフラー買ったんですよ」

客「急に寒くなってきたから、これは通勤時にマフラーいるなって思って」

ス「通勤用のマフラーですね。それでは通勤用のコートやおカバンに合わせたものが良いですね」

客「そうですね。普段グレーのロングコートか黒のダウンを着る機会が多いですね」

ス「グレーか黒のアウターですね。おカバンもモノトーンですか?」

客「カバンは買ったばっかりでネイビーなんですよ」

ス「買ったばっかりですか!　それでは、マフラーと色の相性を考えたお色がいいですね。濃いダークグレーか、薄いグレーだと、どちらのアウターにも合わせやすく、おカバンのお色とも相性が良いですよ。2,000円程度のもの、カシミア入のものなら10,000円まで幅広くございます。ご予算いかがですか?」

客「うーん、出せても4,000円くらいです」

ス「かしこまりました。それでは、まずこちらは2,600円で、ざっくり毛糸が人気のマフラーです。こちらは3,200円で、肌触りが良いタイプ、こちらは4,500円とちょっとお高いのですが、光沢のある上品なマフラーで人気です」

客「この、4,500円のにします!　これいいですね」

Q.70 【 会話力 ② 】

来店されたお客様にお声がけしたところ
「カバンを見に来ました」との事でした。
あなたが次にお客様に対して行うことで、
最も適切なのは次のうちどれでしょう?

- **A** セールになっているカバンをいくつかお持ちする
- **B** 新作のカバンを紹介する
- **C** 今一番売れ筋のカバンをいくつか紹介する
- **D** 仕事用かプライベート用か、用途を確認する

A.70 D

会話力良い例②　※お客様＝客、スタッフ＝ス

ス「おカバンお探しなんですね。お仕事用ですか？　プライベート用ですか？」
客「仕事で使うものを見に来ました」
ス「お仕事用ですね。それではある程度の大きさが必要ですね」
客「そうなんです。A4サイズの資料が入る大きさが理想です」
ス「A4サイズの資料が入る大きさですね。お色等のご希望はありますか？」
客「黒以外がいいです。ずっと黒のカバンだったので」
ス「黒は持ちやすいですもんね。今回はどうしましょうか？」
客「明るめの色は無理なので、やっぱり暗めの地味なものしかないかなぁ」
ス「濃い目のお色ですね。ネイビー、ダークグレー、ダークブラウンのこのタイプがおすすめです。一見本物の革に見えるのですが、合皮なので軽く、防水効果もあります。傷がつきにくい素材なので、ハードなお仕事で毎日お持ちいただいても、長くお使いいただけるはずですよ」
客「これいいですね！　ダークグレーの、これにします」

コンプライアンス コラム

やっていいこと
悪いこと ⑦

知らなかったでは
済まされない
罪になる問題の一例

- 人の写真を勝手に撮影
- 人が写っている写真を許可なくネットで公開
- 撮影禁止の場所での撮影
- 書店で並んでいる本の数ページを撮影
- 他人に見せられない写真を付き合っている男女間で撮影し別れたあとで掲載
- 音楽、映像、写真、絵、小説、漫画、広告等許可なく掲載
- 人気タレントの写真を撮影しネットで販売

SNSの問題「バイトテロ」

- コンビニエンスストアのアイスクリーム用冷蔵庫の中で涼を取る男性の写真が投稿され「不衛生だ」と非難され店舗の休業が決定
- 大手寿司チェーン店のアルバイトスタッフが備品のはさみを店舗の調理器具で天ぷらにしシャリの上に乗せるまでの様子をスマホで撮影し投稿
- ラーメン店の従業員が食材のソーセージを口にくわえる画像を投稿
- ハンバーガー店のスタッフがパンの上に寝そべる画像を投稿
- 飲食店のアルバイトが冷凍庫に入った写真を投稿し、その後店の閉店が決定
- そば店のアルバイトが大型食器洗浄機に入っている画像が投稿され閉店、その後倒産

【 接客言葉遣い 】

お客様に接客する際の言葉遣いとして、
次のうち**間違っている**言い方はどれでしょう？

A「お色は黒の方でよろしかったですか？」

B「私的には、この商品、
　　ぶっちゃけ一番おすすめです」

C「こちらですね。了解いたしました」

D「こちらの方ですね。全然お似合いです」

A.71 　A B C D

言葉遣い悪い例　　※お客様＝客、スタッフ＝ス

客「10月から使える手帳を探しているんですよ」
ス「ビジネス用の手帳でよろしかったですか？」
　　正しくは「よろしいですか？」
客「はい、仕事用です」
ス「お仕事用の方ですね。それでしたらあちらのコーナーの方にございます」　方は不要
客「さっき見たのですが、もう少し小さいものを探しているんですよ」
ス「小さめの形ですね。お色は黒の方でよろしかったですか？」
　　正しくは「小さめの手帳ですね。黒でよろしいですか」
客「黒がいいです」
ス「了解いたしました。私的には、ぶっちゃけ超おすすめなんでよ」
　　正しくは「かしこまりました。私個人の意見ですが、こちらが1番おすすめです。理由は……」
客「これ、エナメルなんですね。かわいい」
ス「どうします？　これにします？　全然いいと思います」
　　正しくは「いかがなさいますか？使いやすくてとても良いと思います」

【 ニーズの引き出し方 】

お客様のニーズを引き出すことは、
お客様の過去と現在を把握し未来に向けて、
一番良いものを提案することです。
車を見に来られたお客様が
「スポーツカーから7人乗りのワゴンに
買い替えを検討している」と言われた時の
お客様へのヒアリングとして、
次のうち最も適切なのはどれでしょう？

A 「大人数を乗せて運転する機会が増えるのでしょうか？」

B 「スポーツカーにどのような不満があったか教えていただけますか？」

C 「売れ筋のワゴンのカタログをお持ちしますのでご覧になりますか？」

D 「ワゴンの車種やお色の希望はありますか？」

A.72 AD

ニーズの引き出し方 悪い例　※お客様＝客、スタッフ＝ス

客「7人乗りくらいのものを考えています」
ス「そうですか。それでしたらカタログで言いますと、こちらとこちらが人気ですね」
ス「ご予算等ございましたか？」
客「中古でも考えていて200万程度までと思っています」
ス「ご希望の色はありますか？」
客「特にないです」
ス「それでは、お見積もりだけでもいかがでしょうか？」
客「もう少し他も見てみます」
ス「わかりました。ありがとうございました」

ニーズの引き出し方 良い例　※**お客様＝客、スタッフ＝ス**

ス「スポーツカーだったのですね。今回は大きめのお車をお探しなのですね」
客「そうなんです。買い替えを考えていて」
ス「スポーツカーからワゴンにしようと思ったということは、お父様お母様と出かける機会が増えたとか、お仕事で多くの方を乗せる機会が増えたとかでしょうか？」
客「実は、妻のおなかに子供がいるんですが、どうやら双子のようでして」
ス「双子ちゃんですか！　おめでとうございます！　それはスポーツカーというわけにはいきませんね」
客「そうなんですよ。また家族が増えるかも知れないので、大きい車にしようということになりまして」
ス「奥様も生まれてくる赤ちゃんにも乗り心地がよく安全で、乗り降りしやすいものがよろしいと思います。またお荷物が増えるでしょうから中がゆったり広いほうがよろしいですね」
客「そうですね。中が広いものがいいです」
ス「かしこまりました！　それでは乗り降りしやすく中が広めのタイプをいくつかご紹介しますね」

大人の常識力を高める
100問

【 購入直前のお客様の行動 】

次のうち、
商品に興味を持ち、購入まで
あと一歩という時のお客様の行動として
当てはまるものはどれでしょう?

- **A** 同じ商品を何度も見ている
- **B** 同じ商品を10秒以上見たり触ったりしている
- **C** 在庫を訪ねてくる
- **D** 値札を見て値段を確認する

A.73 ＡＢＣ

購入直前のお客様の行動

①同じ商品を何度も見ているお客様
お店にある様々な商品を見て、また同じ商品のところに戻ってくることがあります。2度同じ商品を見たり、手に取ったりするという行動は、購入しようかどうか迷っているということ。このタイミングを外さずに「そのジャケット、素敵ですよね。私が着ているものはお色違いです。よろしければご試着だけでもされますか？」と、声掛けすること。

②同じ商品を10秒以上見たり触ったりしているお客様
一定の時間見たり触ったりしている場合、興味があって、気になっていて、購入しようかどうか検討しているということ。

③在庫の確認をするお客様
商品の在庫を何となく探している様子であれば、その商品に興味を持ったという合図です。「サイズ、お探ししましょうか？」という声掛けのチャンスです。

④お客様と目が合ったときは声がけのチャンス
「このジャケット気になるなぁ。上下で欲しい。聞いてみよう」というタイミングでスタッフを探します。この時お客様は必ずお顔をあげます。あなたはお客様と目が合います。このタイミングで「そちらのジャケット試着なさいますか？」という声掛けをします。

Q.74 　【 優秀なスタッフの行動 】

お客様に接客をするスタッフの
取るべき行動として、
次のうち**ふさわしくない**のはどれでしょう？

- **A** 親しいお客様とは
  友達のような言葉遣いや態度で接する
- **B** 親しいお客様には「待ってもらえますよね？」
  と、新規客を優先して接客する
- **C** レジが混雑している時は
  「順番に対応いたします。お待たせし申し訳ござい
  ません」と声を掛ける
- **D** 自社で取り扱っている商品やサービスについて
  きちんと勉強し知識を身に付ける

A.74 A B

売れるスタッフがしていること

レジに入った時でも配慮を忘れません。
混雑時はひと言添えています。「レジが混雑してしまい申し訳ございません。今しばらくお待ちいただけますでしょうか」と、並んでいるお客様にお詫びのひと言を添えることができます。目の前にいるお客様だけではなく、周りをきちんと見ています。また、何年も自分を指名して下さり、何度も来てくださるお客様にこそ馴れ馴れしい友達のような態度ではなく、大切な顧客として接客ができます。例えお客様が友達として接してくださったとしても「お客様はお客様」なのです。スタッフとお客様。馴れ馴れしい言葉（友達言葉）、態度（後回しにする、適当な対応をする）等は、大切なお客様が離れてしまうと思いましょう。

お客様とはやはり適度な距離があるからこそ良い関係が持続するのだということです。
親しくなりすぎてもいけませんし、距離がありすぎてもいけません。
その距離は一人一人違う感覚をお持ちです。

Q.75 【 商品の取り扱い方 】

苦手だなと感じる商品や
サービスの取り扱い方について、
接客者の取るべき行動として、
次のうち**ふさわしくない**のはどれでしょう？

A 苦手な商品があった場合、
思い切って使ってみたり、好きになれるように
魅力をたくさん見つける

B 他のスタッフにその商品の魅力を聞いてみる

C 愛用下さっているお客様本人にどのような
ところが魅力的なのかを聞いてみる

D 苦手な商品が得意なスタッフを呼んで代わりに
接客してもらう

A.75 D

苦手な商品の取り扱い方

「お気に入りの商品」と「苦手な商品」にわかれるでしょう。お気に入りの商品は、愛情を持っているので、良い情報をお客様にも伝えられます。好きだという感情がお客様にも伝わるので売れ行きも良いでしょう。

一方、好きになれない苦手な商品の場合は、お客様にも自信を持って販売できないので疎遠になってしまいます。

しかし、私たちとお客様の趣味嗜好や価値観は違うもの。私たちが「こんなもので本当にいいの?」「こんなもの誰が必要とするの?」と、思うような商品であっても必要としているお客様もいらっしゃるのです。自分の価値観と比較しないことです。

Q.76 【 売れるトーク 】

お客様に「これ、欲しい!」と、
思っていただくためには興味を抱かせる
トーク力を磨くことも必要です。
次のうちふさわしいトーク力はどれでしょう?

A 「大人気商品につき、残りわずか3点です」

B 「限定50個の商品のうち、
　　今ご用意できるのはこちら4個です」

C 「昨年大ヒットし1週間で完売した○○が
　　本日入荷しました」

D 「昨日まで全品20%オフでしたが、
　　今日から元のお値段に戻ったんですよ」

A.76　Ａ Ｂ Ｃ

①在庫数が少ないとき
「大人気商品につき、残りわずか３点です」
「限定50個の商品のうち、今ご用意できるのはこちら４個です」

②新商品の入荷日
「昨年大ヒットし１週間で完売した〇〇が本日入荷しました」
「先日の□□テレビ番組でもご紹介された皆様に大人気の〇〇もございます」

③割引
「本日から10日間、全品20％オフです」
「ラストサマーセール本日最終日です」
「２点ご購入で２枚目20％オフです」

④季節に合わせた声掛け
「もうすぐ春ですね。明るいカラーのスプリングコートも入りました。ご覧下さい」
「暑い夏には勝負服で。今年注目されている〇〇もございます」
「寒い冬もこれさえあれば乗り越えられる！　ダウンジャケット、本日入荷いたしました」

Q.77 【 案内・誘導 】

お客様から
「そちらのお店に行きたいのですが」と
電話で尋ねられた際の、案内・誘導の
注意すべき点は、次のうちどれでしょう?

A お客様が今どこにいるか(自宅・最寄駅等)を確認する

B 最寄駅や現在地からのルートと所要時間を伝える

C 目印となる看板や建物の色等を入れながら説明する

D 電話では伝えづらいので、ホームページに地図がある場合、見るように伝える

A.77　Ａ Ｂ Ｃ

案内・誘導

①お客様が今どこにいるかを確認
- これから出発するのか、最寄りの駅まで来ているのか等、お客様の状況を把握する

②最寄駅または現在地からのルートと所要時間を伝える
- 駅に「南口・北口」「○番出口」等出口が数か所ある場合は必ずそれも伝える
- その地点から店までどのぐらい時間がかかるかも伝える

③目印になるものを知らせる
- 建物や色等の目印を入れながら説明する

④最後にひと言添える
- 「お気をつけてお越し下さい」「お待ちしております」と、ひと言添える

【 接客7大用語 】

接客に用いる言葉で
「歓迎の気持ちを込めた表現と話しかけ方」を
心がけるべきなのは「いらっしゃいませ」ですが、
「元気よく明るく、気持ち良い返事」を
心がけるべきなのは、次のうちどれでしょう？

A 「はいかしこまりました」

B 「失礼いたします」

C 「お待たせいたしました」

D 「ありがとうございます」

接客7大用語

「いらっしゃいませ」
歓迎の気持ちを込めた表情と話しかけ方で。

「ありがとうございます」
喜びがあり、感動があり、嬉しい気持ちをこめて。

「失礼いたします」
謙虚さがあって、丁寧で、誠実に。

「少々お待ちいただけますか？」
優しく、丁寧に、誠実に、伺いを立てるように。

「お待たせいたしました」
待たせていたことを申し訳なく思う気持ちで。

「はいかしこまりました」
元気よく明るく、気持ちの良い返事で。

「申し訳ございません」
心から詫びる気持ちでお許しいただけるように誠実に。

【売上増 POP】

お客様と商品の出会いを演出する上で
POP は非常に重要です。
では、売上増を狙う POP を作る上で
大切なことは、次のうちどれでしょう?

- **A** 5色以上のカラーを使って注目させる
- **B** 赤ちゃんからご年配までの幅広い
  ターゲットに響くように書く
- **C** 文字は10文字までに収まるようにする
- **D** 使って欲しい具体的なお客様を想像して書く

POPのルール

買い物の8割は「衝動買い」だと言われています。
お客様と商品の出会いを演出するのがPOPです。
・POPは、使って欲しい具体的なお客様を想像して書く
・幅広いターゲットでは誰の心にも響かないPOPになる

〈例〉ちょっと高めの薬用ハンドクリーム
ターゲットは子持ちの主婦。水仕事等で手は荒れている。乾燥するこの時期はひび割れで痛みがあるほど。この薬用ハンドクリームは水を弾くというのがウリ。手荒れを気にしない主婦ではなく、外見にこだわりをもっていて、素敵主婦でいたいという願望があって、お肌の手入れもちゃんとしなくっちゃと思っている30代後半のプチリッチ主婦。このようにターゲットとなるお客様を具体的に想像すること。

・POPに記載するメッセージは「商品名」「価格」「商品の魅力」（機能、効果、素材等）」の3項目
・文字の分量は20～30文字以内に収まるようにする
・漢字、ひらがな、カタカナ、数字のバランスを考える
・「騙されたと思って10日だけ使ってください」「3本のまとめ買いがお得です」「98％の方に大満足と言われました」等、数字を使うと具体的にイメージができる

Q.80 【 ブログのルール 】

今や多くのお店がブログを
利用していますが、
ブログを作成する上で
守るべきルールとして当てはまるものは、
次のうちどれでしょう？

A 悪口、不平不満、愚痴等不快にさせる
ことを書かない

B お客様の個人情報や機密情報等を
載せない

C 文章のみにとどめ、
店内の写真やイラストは載せない

D ブログを書くのは責任者のみとし、
スタッフには書かせない

A.80　A B

ファンができるブログ

お客様が「今度このお店に行ってみようかな」とブログを見て感じるポイントはどこでしょうか。

スタッフのプライベートな記事ばかりではお店の魅力は伝わりません。読み手のことを無視した書き方もダメです。

お客様目線に立って、お店に来て欲しいお客様を想像しながら、店内の様子、新商品ＰＲ、使ってみた感想等を記載します。

来店に結びつくような工夫をしましょう。

守るべき３つのルール

①継続すること
最低でも１週間に１度の更新は必要。

②不快にさせないこと
読んだ方が不快に思わないような言葉遣いや表現、言い回しにする。

③コンプライアンスを守ること
特定の人の誹謗中傷やお客様の個人情報、取引先の機密情報、不快に感じるような不衛生な写真掲載、職務上撮影してはいけないようなものといったコンプライアンスにも気をつける。

コンプライアンス コラム

やっていいこと悪いこと ⑧

こんな投稿要注意！

〈例1〉フェイスブック

社員「やっと明日休みだー！　飲むぞー！！」というメッセージと共にビールで乾杯する様子を投稿

読者「あれ、この社員さん、確かまだ未成年だったはず……」

〈例2〉ツイッター

社員「すごいニュースです！　うちのホテルに有名人の○○さん来店。それも彼女と」

読者「有名人だからって個人情報を守れないホテルは信用できない」

〈例3〉ブログ

社員「○○課長むかつく。あんなやつが課長やってるなんて信じられない。うちの会社はバカ」

読者「○○課長さんのことじゃないか！　これは知らせなきゃ」

まだまだ多くの従業員による、悪ふざけやイタズラといった不適切行為の投稿があります。ちょっとした出来心で投稿した結果、閉店や倒産ということもあるのです。

「わかっていて当たり前」といった思い込みを捨てて、正社員のみならず、アルバイトにもコンプライアンス教育の徹底をしましょう。

【 シニアのお客様接客 】

シニア世代への接客で心がける点として、
次のうち正しいのはどれでしょう？

A 男性は特にプライドが高く年寄り扱いを
して欲しくない人が多い

B スキンシップを重視するので
自分から手を握る、肩に触れる等を心がける

C 教えたがりな方には、
教えをいただく姿勢を心がける

D 重いものはなるべく手渡しする

A.81 AC

シニア接客

シニア層は、若年層に比べて生涯顧客になってくれる可能性がとても高いと言われます。
一度好きになったら期待を裏切らないのもシニア層です。
男性のお客様はプライドが高い方が多く年寄り扱いしてほしくないと思っているものです。また、人生経験が豊富のため、何でも素直に教えをいただくことが求められます。
気をつけることは、相手を支えるのではなく相手につかまってもらうこと。相手から触ってもらったり、手をにぎってもらったりすることです。その理由は、お肌は大変デリケートで握っただけであざになることもあるからです。筋肉量も減少して痛みも感じやすくなります。冬場は冷たい手で触らないこと。爪の長さも気をつけましょう。「これはちょっと重いかも知れない」と思ったら手渡しは控えましょう。握力の低下、筋力の低下、関節の痛みや変形、手足の慢性的なしびれ等があります。テーブルに置いて本人が実際に持てるかどうか見守ることも大切です。

【 男女で変える「接客術」① 】

商品を購入する際、男性と女性では
購入に至る心理に細かな違いが見られます。
次のうち、男性と女性の心理の説明について
正しいのはどれでしょう?

A 男性の多くは、商品のスペックを比較し客観的に見て決めるが、女性の多くは、主観的に使っている自分がリアルにイメージできたものを決める

B 男性が販売員に求めることは、商品知識が自分以上にあることだが、女性が求めることは、自分のことを1番に考えてわかってくれること

C 男性は手に入れる瞬間が最高で、女性は手に入れた後が重要

D 男性は感情的で気分に左右され、主観性が強いが、女性は感情に左右されずに客観性が高い

A.82 ＡＢＣ

男性と女性の細かな違い

・男性は、商品を購入した理由を明確に答えられる
・女性は、「かわいかった」「触ったらコレだと思った」「直感」「なんとなく」という、答えになっていない答えが理由
・男性は、他人に質問することは「勝負」であり、質問するときは敗北感を多少なりとも感じている
・女性は、他人に質問することは「親しみ」を感じたときで、質問にたくさん答えてもらったときは「良い情報が聞けた！　教わった！」と、満足する
・男性が販売員に求めることは、商品知識が自分以上にあること
・女性が販売員に求めることは、自分のことを一番に考えてわかってくれること
・男性は、感情に左右されずに客観性が高い
・女性は、感情的で気分に左右され、主観性が強い

【 男女で変える「接客術」② 】

商品を購入する際、男性と女性では
購入に至る心理に細かな違いが見られます。
次のうち、男性の心理の説明について
正しいのはどれでしょう?

- **A** 男性がじっくり商品を選んでいるときは
  話しかけない方が良い
- **B** 男性は他人から押し付けられることを嫌う
  傾向にある
- **C** 男性はスタッフの人間性で商品を購入する
  傾向にある
- **D** 男性はお店の雰囲気やその時の自身の感覚で
  商品を選びやすい

A.83　A　B

男性が求めているもの

・スペックが高いもの
・最先端のもの
・歴史があるもの
・ロジックがしっかりとしているもの

男性は他人から何を押しつけられるのが嫌いです。
男性のお客様が最新のパソコンを見ているとしましょう。いくつかの商品を見ていろいろと比較しています。この時に話しかけてはいけません。基本的に男性は、自分で判断して商品の購入を決定するものです。ですから男性客がじっくり商品を見ているときには見守ることがベストです。

男性客が店員と話をする時は、2つの場面があります。

①情報を仕入れたいとき
　　細かい機能について確認したいときや、自分の欲求を満たすためには何が必要なのかを聞きたい時です。
②購入を決めたとき
　　「これをください」と伝えるときです。

【 口コミ効果 】

お店にとって、お客様の口コミは
良くも悪くも大きな効果があります。
では、次のうち口コミについて
正しいのはどれでしょう?

A 女性の口コミはまず家族や親しい人から広がる

B 女性は本当に良いと思ったものしか
口コミですすめない

C 女性の口コミは、
その思いを共有したいという気持ちからである

D 女性の口コミより、
男性の口コミの方が広がりやすい

A.84 ＡＢＣ

口コミは共感を求めてする行為

①プラスの口コミをするとき
・よかった！　感動した！　と思うことは人にも伝えたい
・一緒に分かち合いたい
・大切な人に教えて役に立ちたい
・教えたことに喜んでもらいたい

②マイナスな口コミをするとき
・期待を裏切られたという気持ちをわかってもらいたい
・嫌な気持ちがして腹が立ったことを知ってほしい
・周りの大切な人に同じ思いをさせたくない
・言わなきゃ気持ちが晴れない

周りの人と良いことも悪いことも分かち合いたい、知ってほしい、共感してほしい、話したい、広めたいとなるのが女性です。

【 リーダーの条件 ① 】

職場のリーダーには
「スタッフに好かれるリーダー」と
「スタッフを潰すリーダー」がいますが、
次のうち「スタッフに好かれるリーダー」の
行動として当てはまるものはどれでしょう?

A 部下に対し仕事の不満や愚痴を言う等、弱い部分を見せられる

B 部下の失敗は「自分のせい」で成功は「部下のお陰」にできる

C 部下の多少のミスや規律の乱れ等はおおらかに見逃す

D 部下の能力に応じて仕事を任せる

A.85 B D

好かれているリーダー

- 仕事ができる・頼りになる
- 部下の目標達成の助けになっている
- リーダーシップがある
- 統率力・指導力にすぐれている
- 判断や指示が的確
- 部下の成功を信じている
- 部下の能力に応じて仕事を任せることができる
- 失敗は「自分のせいだ」とかばい、成功は「部下のおかげだ」と言える
- 部下をひいきせず、公平・平等に接する(アルバイト、契約社員という身分・立場が異なる部下たちを差別しない)
- 何事に対しても一貫した態度をとる
- 一人一人の個性を見極め、得意分野を伸ばせる

【 リーダーの条件 ② 】

職場のリーダーには
「スタッフに好かれるリーダー」と
「スタッフを潰すリーダー」がいますが、
次のうち「スタッフを潰すリーダー」の
行動として当てはまるものはどれでしょう？

A 常に忙しくしておりスタッフの様子を見ていない

B 新しいことをしたり、変化のあることから避ける

C スタッフの顔色を気にして注意しない

D 部下を積極的に褒めたり感謝の気持ちを
伝えたりすることができる

A.86 　Ａ　Ｂ　Ｃ

スタッフが潰れるリーダーの行動

- 悪いところがあっても見て見ぬふりをしてしまう
- 嫌われたくないと思って注意ができない
- 変化が嫌い（できればずっと同じがいい）
- 「時間がない」「そんなことやっても無駄」「うちの地域性には合わない」「人がいない」と避けてしまう
- 会社やスタッフに対する愚痴・不平・不満が多い
- 人を教育するということが苦手
- 事務作業ばかり仕事にしている
- スタッフの様子を見ていない
- スタッフの好き嫌いがあり、表情や態度に出てしまう
- スタッフによって態度や言葉遣い、接し方、距離感が違う
- 人に自信をつけさせてやるということができない
- 自分でやったほうが早いから任せられない

【 リーダーの指導法 ① 】

リーダーとして
スタッフを育成する際の行動で、
次のうち正しい行動はどれでしょう？

A 経験の浅いスタッフには能力以上のことを
あえてやらせて失敗を経験させる

B スタッフが萎縮しないよう厳しい態度は取らない

C スタッフとのコミュニケーションを積極的にとる

D 自分と比較せず、スタッフ個人のレベルに
あわせて指導する

A.87 　C　D

スタッフ育成の6つのポイント

1. 指導の仕方を身に付ける
2. スタッフに合わせた指導をする
3. 一人一人の「指導計画書」を作成する
4. スタッフと密なコミュニケーションをとる
5. ロールプレイング（実践練習）を通して身につけさせる
6. 小さな成功体験を数多く持たせる

【 リーダーの指導法 ② 】

リーダーとしてスタッフへの
指示の仕方について、
次のうち正しいものはどれでしょう？

- **A** 「だいたいこんな感じで」
  と大枠を説明し細かく指示しない
- **B** 「お客様が2人以上並んだらヘルプで
  レジに入って」等、具体的な指示をする
- **C** 「散らかっているところは片付けておいて」と
  大まかに説明し本人の判断に全て委ねる
- **D** 「何のためにやることなのか」
  についてしっかり教える

A.88 B D

指示をするときのポイント

①やることの意味をしっかり教える
納得しないと人は動きません。「なぜやるのか」「それにはどのような意味があるのか」「やるとどうなるのか」等、細かく伝えましょう。

②指示は具体的な言葉で
「ちゃんと片付けてね」「なるべく早く行ってあげて」「そろそろかなって思ったらでいいから」等、人によってバラバラの行動になってしまう抽象的な、あいまいな表現ではいけません。

③受け入れられる指示の出し方
私たちは子供のころから作業分担の考えが植えつけられているので、「私、こっちの棚の整理をするから〇〇さんはここの棚をお願いできる?」「今から大切な会議に行かなきゃならないから今日はお店、任せるね」といった指示は受け入れられやすいのです。

【 リーダーの指導法 ③ 】

接客の際に笑顔が出ないスタッフがいます。
そのスタッフはなぜ笑顔で接客をするのが
良いか理解できないようです。
リーダーとして笑顔で接客をするように
指示する時の伝え方として、次のうち
適切なのはどれでしょう？

- **A**　「人は笑顔を見ると安心して、歓迎されていると思うものなんだよ」
- **B**　「周りを見てごらん。みんな笑顔で対応しているから、やらないとダメなんだよ」
- **C**　「お客様に笑顔で接するのは接客業の基本だよ」
- **D**　「お願いしたことをきちんとやってくれればそれでいいから」

A.89 A

行動に移せる教え方

なかなか笑顔が出なかったり作れなかったりするスタッフがいるとします。「やる気がない」「接客業に向いていない」「暗い性格がいけない」と、早々に決めつけてしまうのはいけません。
「接客するときは笑顔でしなきゃいけないから、笑顔でね」と言われても、なぜ笑顔で接客をするのが良いか理解できていないので笑顔になれません。人は理解できない指示や命令はなかなか行動に移せないものです。

①良い教え方
「どうしていらっしゃいませを言う時の表情は笑顔でなければいけないと思う？ 人は笑顔を見ると安心して、歓迎されていると思うもの。無表情でいらっしゃいませって言ってみるから私の表情を見ていてね。次は笑顔で言ってみるね。どちらが歓迎されていると感じた？ そうだね。笑顔の方だね。お客様のこと歓迎していますよって伝えるために笑顔で出迎えるということが必要なの。ただ、この笑顔で出迎えるということはとても難しいことだから一緒に練習しよう」

②ダメな教え方
「接客するなら当たり前。笑顔であいさつするのは常識だから。みんなできることだから。みんなやってるの。わかった？ やってって言うことを素直にそのままやればいいから。なんでやらなきゃいけないのかなって、そんなこと考えなくてもいいから。いつかわかる時が来るから」

【 スタッフの褒め方 】

リーダーとしてスタッフを褒めることで
「やる気スイッチ」を入れることは
非常に重要です。
では、スタッフの褒め方として正しいのは、
次のうちどれでしょう？

A 結果だけでなく、仕事に対する姿勢や行動を褒める

B 具体的にどこが良かったのかを褒める

C 何かあった時すぐではなく、少し時間を置いてから褒める

D 「ありがとう」といった感謝の気持ちを伝えるだけでも良い

A.90　A B D

簡単にできる褒め方

フランスの思想家ラ・ロシュフコーは「人は褒められると、その分自分の長所を伸ばそうと一層の努力をする。才知や容色や勇気もまた、人さまに褒めてもらうことで大きくなり、磨きもかかる」と、言っています。

①見たままを言葉にする

「もう来ていたんですか。早いですね」「資料、早速用意してくれたんですね」

②短いフレーズを使う

「いいね」「すごいな」「やるね」「よかったね」「上手だね」

③感謝の気持ちを伝える

「ありがとう」「助かったよ」「頼りになるよ」「○○さんのお陰だよ」「○○さんがいてくれたからできたことだよ」

④結果ではなく過程を評価する

「リピーター率が1番なのは、毎月感謝のハガキを出したり、電話をかけたり、時間を惜しんでお客様のためにできることを精一杯やっているからなんだよね」

⑤できている行動を伝える

「時間の管理、徹底しているね」「細かな確認ができているね」「いつも言う前にやってくれるね」

⑥具体的に認める

「書類の整理、企画書、先方への連絡、すべて完璧だったよ！」
「お客様が感じが良いなと思う電話の応対だね」
「毎朝明るいあいさつをしてくれるから元気をもらえるよ」

コンプライアンス コラム

やっていいこと
悪いこと ⑨

それ、アウトです！
ハラスメント問題

ハラスメントとは法律的には相手の「人格権」を侵害することを言います。人格権とは、名誉や自由と言った個人の人格的法益を保護するための権利のことです。

パワハラについては2012年に厚生労働省が定義を公表しています。それによれば「同じ職場で働く者に対して職務上の地位や人間関係等の職場内の優位性を背景に、業務の適正な範囲を超えて精神的、身体的苦痛を与える又は職場環境を悪化させる行為」のことです。

セクハラについて
〈男女間で言ってはいけない言葉〉

①男性から女性に言ってはいけない言葉

「○○ちゃんおはよう（下の名前でちゃんづけ）」「彼氏はいるの？」「いくつになったんだっけ？」「まだ結婚しないの？」「今日は生理の日？」「2人目はまだ作らないの？」「太ったんじゃない？」「若い女性にはわからないよね」「女のくせに」「老けたんじゃない？」「毛深いね」「足太いよね」「おなか出てるよ」「たくましい腕だなぁ」「顔大きいよね」「痩せたらかわいいのに」「女らしさに欠けるんだよね」「ぽっちゃり体型だよね」「家で料理しないでしょ」「胸大きいね」「髪バサバサだね」等。

②女性から男性に言ってはいけない言葉

「たけしくん（下の名前でくんづけ）」「彼女いるの？」「彼女まだできないの？」「いつから彼女いないの？」「頭薄くなってきましたね」「それってもしかしてヅラだったりして」「奥さんいるんですか？」「たいして稼げないくせに」「男のくせに使えない」「男でしょ！」「男だったらこのぐらいできて当然」「生理的に受け付けないんですけど」「キモい」「ウザい」「汚い」「臭い」「まだ結婚してないんですか？」「えー、30代には見えない。老けてますよね」等。

Q.91 【 コミュニケーション 】

業種にかかわらず、上司・部下の
コミュニケーションが密なほど離職率が
低いと言われています。
では、上司がスタッフとコミュニケーションを
とる際に心がけたほうが良いことは、
次のうちどれでしょう?

A▶ 積極的に自分のことを話すようにする

B▶ スタッフと話した内容はメモをして残す

C▶ 話す内容は、仕事のこと中心にする

D▶ 上司から話しかけられると萎縮するので、
スタッフから話してもらうのを待つ

A.91 A B

スタッフとのコミュニケーションの取り方

・スタッフとの面談時間を確保する
・仕事のこと、プライベートのこと、どのようなことでもいいので短い時間でも会話する
・面談をしたら記録を残すようにし、どのような話をしたかすぐに思い出せるようにする
・どのスタッフとも平等に、公平にコミュニケーションを取る
・上司から自分のことを話してみる

Q.92 【 叱り方 ① 】

お店のスタッフがある日、
規則で禁止されているアクセサリーを
身につけて仕事をしていました。
リーダーであるあなたの取るべき
行動について正しいのは、
次のうちどれでしょう?

- **A** 規則違反なので注意して外すように伝える
- **B** お客様が不快に感じない程度であれば
  特に注意しない
- **C** 本人に気分よく仕事をしてもらいたいので
  特に注意しない
- **D** お客様や他のスタッフから指摘されたら
  注意する

A.92 A

細かなことこそ叱る

例えば、ある日、スタッフの制服にちょっとした乱れを発見しました。アクセサリーは禁止なのに小ぶりなネックレスをしています。そして、髪を縛るゴムもモノトーンで統一されているのに、薄いグレーで飾りも付いています。果たしてあなたは注意しますか？ まぁこれくらいならいいかと許しますか？ お客様には気づかれないちょっとした細かな乱れでも、ちゃんと注意しなければいけません。「まぁいいか」「今日くらいはいいか」ということは、段々とエスカレートするからです。たった1人の乱れを許せば、お店全体が乱れてきます。悪影響を及ぼします。すべてのことが乱れていくのです。

制服の乱れのみならず、茶髪禁止であっても茶髪が増え、アクセサリーがオープンになり、店内にはゴミが目立ち、乱雑な商品の陳列になったり、飲食店の場合はテーブルの拭き忘れや拭き残しが出て、スタッフ同士の私語も目立ってきます。接客の基本のあいさつや笑顔も出さなくなると、今度は接客態度が悪くなります。遅刻、無断欠勤が続き、お店の評判は下がり、クレーム増加、売上減少、閉店ということにもなりかねません。ですから、小さな問題のうちに排除することです。リーダーはスタッフの細かなところにも目配せをしなければいけません。ちゃんとスタッフを見てあげることです。

【 叱り方 ② 】

スタッフを叱る際に注意すべき点は、
次のうちどれでしょう？

- **A** 本人が気付かない程度の小さなミスでも、しっかりと注意する
- **B** お客様や他人のいるところでは叱らないようにする
- **C** 同じミスを繰り返した時も、過去のミスは掘り返さず、今のミスだけにとどめる
- **D** 社内の誰もが気づくような大きなミスの場合は人前で叱りわからせる

A.93　Ａ　Ｂ　Ｃ

受け入れられる注意の仕方

①細かなことも注意する
細かなこと、小さなことを「まぁいいか」で終わらせないようにしましょう。

②大きなミスをネチネチ叱らない
本人が反省し、周りも気がつくほどの大きなミスについては、叱り方に気につけましょう。本人が十分反省しているのに追い打ちをかけるような叱り方は全否定されたように感じます。「そんなこともある。私もこんな経験があった。それをこんなふうに改善して今があるよ」と、フォローすることも必要です。

③叱るときには過去のミスや失敗を掘り返さない
「〇〇さん、前にも同じような失敗したよね。いっつも失敗するね。どうして毎回失敗するんだろうね」と、「いつもミスする」と言い続けないことです。目の前で失敗したことだけに注目し叱りましょう。

④リアルタイムで叱る
ミスや失敗を叱るときにしてはいけないことは「後回しにする」ということです。「3日前の接客なんだけど、こんな言い方していたよね」と言われても思い出せません。お客様の目の前で叱るのはいけませんが、お客様応対に一段落したらきちんと説明して注意しましょう。

【 お客様が求める3つのこだわり 】

お客様が、商品やお店に対して求める
「3つのこだわり」に当てはまるものは、
次のうちどれでしょう？

- A 商品の品質
- B 商品の適正価格
- C スタッフの最上級のおもてなし
- D 商品の希少価値

A.94　Ａ　Ｂ　Ｃ

お客様が求める３つのこだわり

①品質
お客様は良い品質の商品を手に入れたいのです。そして他の人が触れていない新品をお望みです。お客様にお渡しする商品に指紋がついていないか、傷はないか、ホコリはかぶっていないか、何度も試着されたものではないか（そう思われないものか）注意すべきです。

②適正価格
お客様はできれば安く購入したいと思っています。定価で購入したものが、翌日から50％セールになっていたら、あなたもガッカリしませんか？「どうして教えてくれなかったんだろう。セールだと聞いていれば買わなかったのに！　返品する！」と、お怒りになるお客様もいらっしゃいます。

③最上級のもてなし
お客様は他の誰よりも最高の接客やおもてなしを受けたいと思っています。大切にしてほしいのです。自分に接客をしてくれていたスタッフが「お客様すみません。他のスタッフが対応します」と言い、他のお客様に接客をするようなことがあっては二度と来てくれないでしょう。他の誰よりも優先して最高の接客をしてほしい。初めていらしたお客様であってもそう思っているわけですから、一人一人のお客様にご満足いただける言葉遣い、対応、態度、ご提案をしなければなりません。

Q.95 【 クレームの原因 】

お客様のクレームとなる原因には
「商品へのクレーム」
「スタッフへのクレーム」
「お客様の間違いによるクレーム」があります。
次のうち「スタッフへのクレーム」の原因となる
スタッフの対応に当てはまるものは
どれでしょう？

- **A** スタッフの服装や髪型等身だしなみが乱れている
- **B** スタッフの対応が遅い
- **C** スタッフが仏頂面
- **D** スタッフの言葉遣いがなっていない

A.95 A B C D

クレーム原因

①商品そのものに対するクレーム
商品が壊れていた(すぐに壊れた)、汚れていた、欠陥があった等。食品であれば賞味期限切れや異物混入等。

②接客態度等スタッフに対するクレーム
お客様の期待を上回る対応をしなければ「不満」となり、クレームにつながります。スタッフのミス(間違い、遅い等)、身だしなみ(だらしがないというクレームや派手すぎる、香りがきつすぎる等)、表情(無愛想である、仏頂面)、言葉遣い(タメ口で話された、乱暴な言い方だった、言い方が間違っていた等)、態度(面倒くさそうだった、関心を持ってもらえなかった、ないがしろにされた、感じが悪かった等)他、スタッフの外見や行動すべてに気を配らなければいけません。また、最初は商品のクレームだったものが、スタッフの対応が悪かったことで、「スタッフの態度もひどい」といった二次クレームになる場合もあります。

③お客様の勘違いや間違いによるクレーム
お客様都合で「違うサイズを購入した」「買ってすぐに落として壊した」「アレルギーの成分を見ないで買って問題が起きた」「違うお店の商品」等のクレームもあるものです。

Q.96 【 二次クレームの原因 】

お客様からのクレームが起きた際、謝り方によってクレームが収まることもあれば、二次、三次のクレームに発展することもあります。
では次のうち、お客様を怒らせてしまう**ダメな謝り方**はどれでしょう？

- **A** 「申し訳ございません」という言葉をとにかく多く使う
- **B** 最後まで、徹底的に聞く
- **C** 謝って許してもらったらすぐに冗談を言う等気持ちを切り替える
- **D** 謝るとともにクレームの原因と改善策を説明する

A.96 A C

謝り方が下手な人の特徴

①謝っているのに偉そう
・「申し訳ございません」と言った後はデカい態度になる
・心から謝罪する気がない
・弁解が多い

②極端に下手に出る
・「すみません」「申し訳ございません」が口癖
・深く考えずに謝っているだけ

③許してもらった後の失言がある
・ほっとした瞬間に軽い冗談を言う
・謝って許してもらったあとの言葉に申し訳なさがない

【 在庫確認の電話応対 】

電話を保留するときは30秒以内を
心がけるのがマナーです。
では、お客様からの在庫確認の問い合わせで、
確認に30秒以上かかりそうな場合、
適切な伝え方は、次のうちどれでしょう?

A　「おそらくあると思います。在庫がない場合は
連絡するということでよろしいでしょうか」

B　「少しお時間がかかりますが、
そのままお待ちいただけますか」

C　「お時間がかかりそうですので、確認してから
かけ直しをしてもよろしいでしょうか」

D　「お時間がかかりそうですので、明日午前中に
お電話差し上げてもよろしいでしょうか」

A.97 C D

保留は30秒以内がマナー

商品の在庫確認等、電話を保留にするときは30秒以内を心がけましょう。
Bのように言われて「わかりました。待ちます」と、言ったことがあるのですが、4分待っても保留音が流れるばかりで電話に出てもらえなかったので、切ったことがありました。
「5分以上お待たせしそうですので、一度切らせていただきましてかけ直します」と、言ってもらいたかったです。

【 売上を上げるためにできること① 】

会社やお店の売上を上げるためには
いろいろな方法があります。
売上を上げる方法としての適切な行動は、
次のうちどれでしょう？

- **A** 事業の撤退
- **B** 商圏の縮小
- **C** 新規事業の拡大
- **D** 企業買収

A.98　A C D

新たなことへの挑戦

今のままでは売上維持が精一杯というのであれば、新たなことにも挑戦していかなければいけません。
新たな挑戦としては5つの行動が挙げられます。

・新規顧客の獲得
・商圏の拡大
・新規事業の開始
・企業の合併・買収
・事業の撤退

【 売上を上げるためにできること② 】

会社やお店の売上を上げるためには
いろいろな方法があります。
売上を上げる方法としての適切な行動は、
次のうちどれでしょう?

- **A** すべての顧客から儲けることを考える
- **B** すべての商品やサービスから儲けることを考える
- **C** 幅広い世代に響くキャッチフレーズを考える
- **D** 顧客について徹底的に調査してみる

A.99 D

売上アップのポイント

・すべての顧客から儲けようとしない
・顧客を狭く絞り具体的に設定する
・儲けない顧客を設定する
・すべての商品やサービスから儲けようとしない
・儲けない商品やサービスを設定する
・時間差で儲けることも考えてみる

顧客設定

・顧客を1人に絞るとその人はどのような人だろう
・その顧客がよく使っている言葉はなにか
・その顧客が「振り向く言葉」を挙げてみよう

Q.100 　【 仕事をするということ 】

新人でもベテランでも経営者でも、
仕事をする上で大切な心構えがあります。
適切なものは次のうちどれでしょう？

A▶ 仕事の出来栄えはお客様が決める

B▶ 仕事は結果で決まる

C▶ 仕事には基本がある

D▶ 仕事をする際は守るべき機密事項がある

A.100 　A　B　C　D

仕事に必要な心構え　12項目

・仕事の報酬は顧客が払ってくれている
・その報酬をもらっての仕事である
・仕事とプライベートは区別する
・仕事にはすべてお金（目に見えなくても）がかかっている
・仕事の出来栄えはお客様が決める
・仕事は結果で決まる
・仕事には優先順位がある
・仕事には基本がある
・仕事にはそれぞれのやり方がある
・仕事には期限（納期）がある
・仕事はチームワークで成り立っている
・仕事をする際は守るべき機密事項がある

コンプライアンス コラム

やっていいこと
悪いこと ⑩

部下から上司への
パワハラもある

指導のつもりで言った言葉や行動が、実はパワハラだったという事例が近年増えてきています。上司だけではなく、指導を受ける部下や後輩の態度や言動もパワハラになることがあるのです。

部下の成長を思って指導していても、部下の捉え方一つでパワハラだと勘違いされてしまうこともあるのです。パワハラは上司と部下のコミュニケーション不足が原因であることもあります。

①人格や尊厳を侵害する言葉

「アホ」「バカ」「マヌケ」「チビ」「デブ」「ブス」「ブサイク」「平社員のクセに」「派遣の分際で」「たかがアルバイト」「高卒の分際で」「中途採用なのに」「バツイチだろうが」「この田舎者」

②パワハラだと思われても仕方がない言葉

「おまえは頭がおかしい」「病院に行ったほうがいいよ」「窓から飛び降りろ」「使い物にならない人間はうちにはいらない」「俺に楯突いたら懲戒処分にしてやるからな」

人格や尊厳を侵害する言葉をあげればキリがないほどあります。使っても良い言葉や使わないほうが良い言葉は、相手によって、また場合によって異なってくるのです。相手のことをよく知ることです。相手と自分との関係をよく見極めること。「愛情」にでも「悪意」にでも捉えられるのです。

写真協力／川崎写真事務所　代表　川崎美穂子

大人の常識力を高める

〈著者プロフィール〉

青山 夕香　あおやま ゆか

株式会社青山プロダクション代表取締役
人財育成「笑顔」コンサルタント
ビジネスマナー／オフィスマナー／コンプライアンス／
販売・接客／プレゼンテーション／インバウンド
向けおもてなしの研修を担当。

大学在学中よりキャンペーンガール、司会者、テレビリポーター、テレビCMタレントとして仕事を始める。スポーツニッポン新聞で約5年コラムを連載し、FM北海道でラジオショッピングのキャスターを担当。大学で10年以上ビジネスマナーやコミュニケーションスキルの非常勤講師を務め、公的機関、企業、病院、歯科医院、整骨院等で年間300回の研修・講演を担当。
90％以上がリピーター。実践的なロールプレイング研修が得意。

日本教育実務協会理事長として「ビジネスマナースペシャリスト」と「販売接客スペシャリスト」の通信講座を展開。
新聞や雑誌、テレビ、ラジオ、web等でビジネスマナー等のコラム連載、監修、出演。

プライベートでは2人の子供を持つ母親。
2001年度　ミスさっぽろ
2002年度　宝くじ幸運の女神
2002年度　ミス日本北海道地区代表
2004年度　ミス日本北海道東北地区代表

株式会社青山プロダクション	http://aoyamayuka.com
ビジネスマナースペシャリスト通信講座	http://kyouiku-kentei.com
販売接客スペシャリスト	http://omotenashi-kentei.com
青山メディカルコンサルティング	http://amc-sapporo.com

大人の常識力を高める100問

発行日	2016年7月25日

著　者	青山夕香
発行者	斉藤隆幸
発行所	エイチエス株式会社　　www.hs-prj.jp
	札幌市中央区北2条西20丁目1-12 佐々木ビル
	TEL.011-792-7130　　FAX.011-613-3700
印　刷	中央精版印刷株式会社

ISBN978-4-903707-71-6
© エイチエス株式会社
※本誌の写真、文章の内容を無断で転載することを禁じます。
© 2016 YUKA AOYAMA Printed in Japan